MA GRAMMAIRE
GUIDE VISUEL

CHARLOTTE DEFRANCE

Crédits photographiques

Adobe Stock : p. 6 haut gauche : © tilialucida ; h droite : © Scanrail ; bas g : © Rido ; b d : © pololia ; **p. 7** g : © Svitlana ; d : © olly ; **p. 8** : © Alexandritik ; **p. 9** g : © Maksym Yemelyanov ; d : © amenic181 ; **p. 10** g : © bergamont ; d : © atoss ; **p. 11** : © shymar27 ; **p. 12** : © deepagopi2011 ; **p. 13**, g : © Dana Kenedy ; d : © Nomad_Soul ; **p. 18** : © Viacheslav Iakobchuk ; **p. 19**, g : © vitals ; d : © M.studio ; **p. 20**, h, 71, 145 g : © New Africa ; **p. 20** b : © progressman ; **p. 21** h g : © bit24 ; h d : © HandmadePictures ; milieu g : © caftor ; m d : © fotofabrika ; b : © dream79 ; **p. 24** h : © Anatoliy Karlyuk ; b : © Andrey Cherkasov ; **p. 26** g : © Manuel Findeis ; b : © Photographee.eu ; **p. 29** : © Nynke ; **p. 30** g : © encierro ; d : © lukesw ; **p. 32** g : © NDABCREATIVITY ; d : © Sunny studio ; **p. 33** g : © laurent6494 ; d : © Paolo Gallo ; **p. 34** h : © Alexander Raths ; b g : © Igor Negovelov ; b d : © Francois Doisnel ; **p. 35** : © manjik ; **p. 37** h : © Wayhome Studio ; b : © Netfalls ; **p. 38** : © opolja ; **p. 39** g : © Southtownboy Studio ; d : © Ekaterina Belova ; **p. 40** : © Sławomir Fajer ; **p. 41** h g : © Dmitry Vereshchagin ; h d : © Studio Laure ; b g : © lunamarina ; b d : © Blue Planet Studio ; **p. 42** : © AboutLife ; **p. 43**, 87 h, 171, : : © rustamank ; **p. 44** : © goodluz ; **p. 45** h : © Igor ; b : © pkazmierczak ; **p. 48** : © Billion Photos.com ; **p. 50** : © Andrey Kuzmin ; **p. 51** : © nuzza11 ; **p. 52** : © Firefighter Montreal ; **p. 53** h : © Butch ; b : © scaliger ; **p. 54** h : © May_Chanikran ; b : © F8studio ; **p. 55** : © Sanga ; **p. 56** : © ostap25 ; **p. 57** : © Dmytro Smaglov ; **p. 58** h : © Konstantin Yuganov ; b : © Olivier Tabary ; **p. 59** : © nomadkate ; **p. 60** g,142 b : © Drobot Dean ; d et **p. 75** h : © DragonImages ; **p. 61** : © Soloviova Liudmyla ; **p. 62** g, 165 : © LIGHTFIELD STUDIOS ; **p. 62** d : © nestonik ; p. 64 : © thithawat ; **p. 65**, 130 b : © Pixel-Shot : © Pixel-Shot ; **p. 66** : © Studio Romantic ; **p. 67** : © CandyBox Images ; **p. 70** h, 129 : © Prostock-studio ; **p. 70** b : © Antonioguillem ; **p. 73** : © luckybusiness ; **p. 74** : © visoook ; **p. 75** b g, 106 : © Monkey Business ; **p. 75** b d : © Sapnocte ; **p. 76** : © ricka_kinamoto ; **p. 77** : © Konstiantyn ; **p. 79** : © STUDIO GRAND WEB ; **p. 80** : © rachaphak ; **p. 81** : © Alexandr ; **p. 82** : © deagreez ; **p. 83** g : © Oligo ; d : © Georgia K ; **p. 85** h : © BullRun ; b : © xxknightwolf ; **p. 86** h : © pathdoc ; b : © IndiaPix ; **p. 87** b : © fizkes ; **p. 88** : © wellphoto ; **p. 89** : © SolisImages ; **p. 99** : © Seventyfour ; **p. 100** : © Daxiao Productions ; **p. 101** h : © Tropical studio ; b : © ivoderooij ; **p. 102** : © lightpoet ; **p. 105** : © mode_list ; **p. 107** h : © travelwitness ; b : © Shutterbas ; **p. 110** : © gatsi ; **p. 116** : © inarik ; **p. 117** : © Foap.com ; **p. 119** : © Claudio Colombo ; **p. 120** : © Sergey Novikov ; **p. 122** : © terovesalainen ; **p. 123** : © Jon Schulte ; **p. 126** : © Paolese ; **p. 127** h : © nicoletaionescu ; b g : © Ljupco Smokovski ; b d : © InsideCreativeHouse ; **p. 128** : © miket ; **p. 130** h : © auremar ; **p. 131** : © Afshar Tetyana ; **p. 132** : © Sahaidachnyi Roman ; **p. 136** g : © philippe Devanne ; d : © marmoset ; **p. 137** : © Rawpixel.com ; **p. 138**, 173 : © Africa Studio ; **p. 139** : © Zoran Zeremski ; **p. 140** : © Asier ; **p. 141** h : © Chris Redan ; b : © anoushkatoronto ; **p. 142** h : © Tierney ; **p. 143** : © Jag_cz ; **p. 144** : © Pixavril ; **p. 145** : © photobyphotoboy ; **p. 150** 1, : reji ; 2 : © alexmillos ; 3 : © doomu ; **p. 151**, 1 : © klenger ; 2, 4 : © alexmillos ; 3 : © beermedia ; 5 : © frender ; **p. 152** h : © eric ; b : © Gelpi ; **p. 154** : © F ; **p. 156** : © khosrork ; **p. 158** h : © viktoriya89 ; b : © Alik Mulikov ; **p. 159** g : © stockyimages ; d : © Jelena ; **p. 161** : © gstockstudio ; **p. 162** : © Yakobchuk Olena ; **p. 167** : © zinkevych ; **p. 175** : © dmitrimaruta ; **p. 176** : Elnur ; **p. 177** : © Andrey Popov ; **p. 179** : © Nejron Photo ; **p. 180** h : © VAKSMANV ; b : © VadimGuzhva ; **p. 181** : © FrankBoston ; **p. 182** : © insta_photos ; **p. 185** : © JackF ; **p. 189** : © Dmytro Tolokonov ; **p. 190** : © chatgunner ; **p. 191** : © SFIO CRACHO. – **Getty Images : p. 26**, d : © Imagno / Contributeur ; **p. 103** : © Mike Marsland.

Direction éditoriale : Béatrice Rego
Marketing : Thierry Lucas
Édition : Noëlle Rollet, Virginie Poitrasson
Conception maquette intérieure : Dagmar Stahringer
Conception graphique et mise en pages : Christine Paquereau
Couverture : Miz'en pages
© CLE International / Sejer – Paris 2024
ISBN : 978-2-09-039580-8

SOMMAIRE

Partie 1 — LE NOM ... 5

1. Le genre et le nombre ... 6
- Le masculin et le féminin des noms de personnes ... 6
- Le masculin et le féminin des noms de choses ... 9
- Le singulier et le pluriel des noms ... 10

2. La nominalisation verbale ... 12

Partie 2 — L'ARTICLE ... 15

3. Les articles définis et indéfinis ... 16
4. Les partitifs ... 18
5. Les expression de quantité ... 20

Partie 3 — L'ADJECTIF ... 23

6. Les adjectifs qualificatifs ... 24
- La place des adjectifs qualificatifs ... 24
- L'accord des adjectifs : le masculin et le féminin ... 27
- L'accord des adjectifs : le singulier et le pluriel ... 28

7. Les adjectifs possessifs et démonstratifs ... 31
- Les adjectifs possessifs ... 31
- Les adjectifs démonstratifs ... 33

8. Les adjectifs indéfinis ... 35
- Les adjectifs indéfinis de quantité ... 35
- Les adjectifs indéfinis de qualité ... 36

9. Les adjectifs suivis d'une préposition ... 38

10. La comparaison ... 39
- Le comparatif avec un adjectif ou un adverbe ... 39
- Le comparatif avec un nom ou un verbe ... 41

11. Le superlatif ... 43

Partie 4 — LES ADVERBES ET LES PRÉPOSITIONS ... 47

12. Les adverbes de quantité ... 48
13. Les adverbes d'intensité ... 49
14. Les prépositions et les adverbes de temps ... 51
- Les prépositions de temps ... 51
- Les adverbes de temps ... 53

15. Les prépositions et les adverbes de lieu ... 55
- Les prépositions de lieu ... 55
- Les adverbes de lieu ... 58
- Les prépositions avec « être », « aller » et « venir » ... 59

16. Les adverbes de fréquence ... 60
17. Les adverbes de manière ... 61

Partie 5 — LES PRONOMS ... 63

18. Les pronoms personnels sujets ... 64
- Les pronoms personnels sujets ... 64
- Les pronoms personnels toniques ... 65

19. Les valeurs du pronom « on » ... 66

20. Les pronoms personnels compléments ... 68
- Les pronoms personnels compléments d'objet direct ... 68
- Les pronoms personnels compléments d'objet indirect ... 69
- La place des doubles pronoms ... 71

21. Les pronoms possessifs ... 73
22. Les pronoms démonstratifs ... 74

23. Les pronoms « en » et « y » ... 76
- Le pronom « en » ... 76
- Le pronom « y » ... 78
- La place des pronoms « en » et « y » à la forme négative ... 79

24. Les pronoms indéfinis ... 80
- Les pronoms indéfinis de quantité ... 80
- Les pronoms indéfinis de qualité ... 81

25. Les pronoms relatifs simples ... 84
26. Les pronoms relatifs composés ... 87
27. « Ce qui », « ce que », « ce dont » ... 89

Partie 6 — LES VERBES, LES TEMPS ET LES MODES 91

28. La conjugaison au présent de l'indicatif 92
Les verbes du 1er groupe au présent de l'indicatif 92
Les verbes en « -ir » au présent de l'indicatif 94
Les autres verbes du 3e groupe au présent de l'indicatif 96
Les verbes irréguliers usuels 98

29. Les constuctions 100
Les verbes pronominaux 100
Les verbes suivis d'une préposition + infinitif 101
Le passif 102

30. Les temps de l'indicatif 104
Le présent de l'indicatif 104
Le présent progressif 106
Le futur proche 107
Le futur simple 108
Le futur antérieur 111
Le passé récent 112
Le passé composé 113
L'accord au passé composé 116
L'imparfait 118
Le passé composé et l'imparfait 119
Le plus-que-parfait 121
Le passé simple 123
Le passé simple et le passé composé 127

31. Les modes 128
L'infinitif 128
L'impératif 130
Le conditionnel présent 133
Le conditionnel passé 135
Le subjonctif présent 137
Le subjonctif passé 139
Indicatif ou subjonctif ? 140
Le gérondif 144

Partie 7 — LA PHRASE 147

32. L'interrogation 148
Les trois types d'interrogation 148
Les mots interrogatifs 150

33. L'exclamation 153

34. La négation 154
La négation simple 154
Associer plusieurs négations 156
Expressions courantes avec « non » et « pas » 157

35. « Il y a » 158

36. « Voici/voilà », « il est », « c'est » 159
« Voici/Voilà » 159
« C'est/Ce sont » 161
« Il est » 162

37. Le discours rapporté 163
Le discours rapporté au présent 163
Le discours rapporté au passé 166

Partie 8 — LES RELATIONS LOGIQUES 169

38. L'opposition 170
39. La concession 172
40. Le but 177
41. La cause 182
42. La conséquence 186
43. L'hypothèse 188
44. La condition 190

PARTIE 1
LE NOM

1 LE GENRE ET LE NOMBRE

Le masculin et le féminin des noms de personnes

Cas général

- En français, le nom est toujours soit **masculin**, soit **féminin**.

Nom masculin

un ingénieur

+e

Nom féminin

une ingénieure

- Pour les personnes, le genre des noms correspond au sexe.
Pour former le féminin, on ajoute **« -e »** au masculin.

Exemples

un ami	une amie
un Espagnol	une Espagnole
un assistant [ã]	une assistante [ãt]
un Mexicain [ɛ̃]	une Mexicaine [ɛn]
un Anglais [ɛ]	une Anglaise [ɛz]

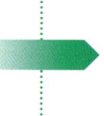

un enfant **une** enfant

LE GENRE ET LE NOMBRE

Cas particuliers

- Parfois, toute la terminaison du mot change.

un musici**en**	une musici**enne**
un champ**ion**	une champ**ionne**
un cuisini**er**	une cuisin**ière**
un serv**eur**	une serv**euse**
un act**eur**	une act**rice**
un chant**eur**	une chant**euse**
un sport**if**	une sport**ive**

Exemples

Mon père est cuisin**ier**.
[ie]

Ma mère est cuisin**ière**.
[iɛr]

Noms différents au masculin et au féminin

un **homme**	une **femme**
un **garçon**	une **fille**
un **père**	une **mère**
un **frère**	une **sœur**
un **mari**	une **femme**
un **fils**	une **fille**
un **copain**	une **copine**
un **monsieur**	une **dame**

Noms seulement masculins

un **médecin,** un **bébé**

Exemple

Anna est un très beau **bébé** !

Anna

LE GENRE ET LE NOMBRE

Le masculin et le féminin des noms de choses

• Pour les objets et les notions, le genre est arbitraire.
La terminaison des noms peut parfois indiquer le genre.

Les noms masculins se terminent par :	Les noms féminins se terminent par :
-a/-i/-o/-u un agenda, un taxi, un vélo, le feu	**-e/-é/-ée** la France, la liberté, la journée
-ment un médicament, un monument	**-tion/-sion** (même prononciation) une solution, la passion
-eau un chapeau, un manteau	**-ette** une allumette, une fourchette
-age le visage, le garage	**-ance** l'indépendance, une connaissance
-phone/-scope un téléphone, un téléscope	**-ence** une présence, une absence
-isme l'exotisme, l'optimisme	**-ure** une signature, une peinture
- une consonne un pays	**-ade/-ude** une promenade, une étude

Quelques exceptions :

une photo
l'eau
une page
une maison
une couleur

Quelques exceptions :

un livre
un problème
un café
un musée
le silence

Le singulier et le pluriel des noms

Cas général

- Pour former le pluriel, on ajoute **« -s »** au singulier.

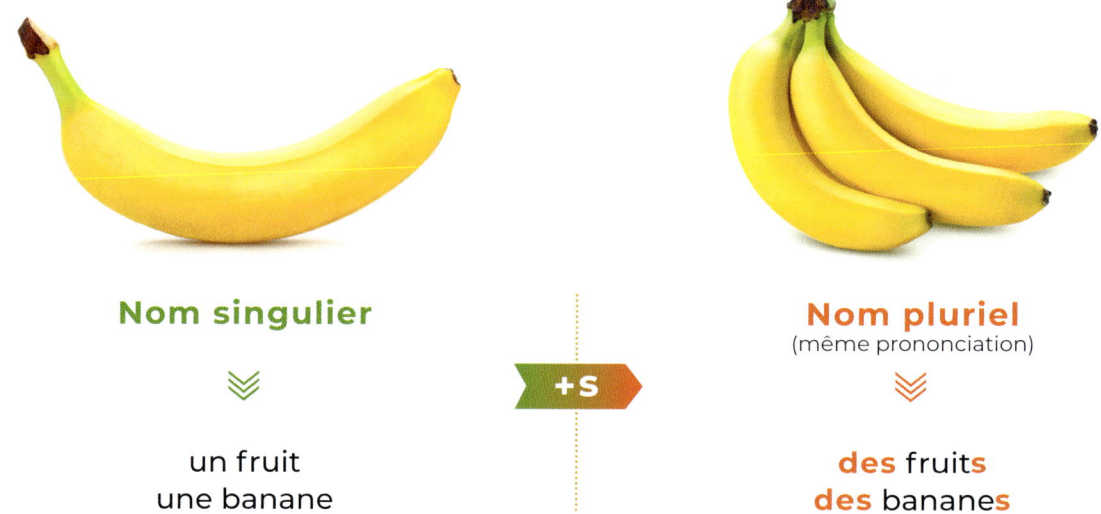

Nom singulier 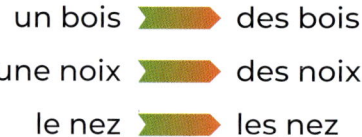 **Nom pluriel**
(même prononciation)

un fruit → des fruits
une banane → des bananes

- Quand le singulier se termine par **« -s »**, **« -x »** ou **« -z »**, le pluriel est identique :

un bois ➡ des bois
une noix ➡ des noix
le nez ➡ les nez

 On prononce le **« f »** des noms suivants au singulier mais pas au pluriel.
un œu**f** [œf] ⟫ des œufs [ø]   un bœu**f** [bœf] ⟫ des bœufs [bø]

LE GENRE ET LE NOMBRE

Cas particuliers

- Les terminaisons en **« -al »** et en **« -eau »** deviennent **« -aux »** et **« -eaux »** au pluriel.

un journ**al** → des journ**aux**   un chap**eau** → des chap**eaux**

- La terminaison en **« -eu »** devient **« -eux »** au pluriel.

un f**eu** → des f**eux**

Exceptions :
des carnav**als**, des festiv**als**, des land**aus**, des pn**eus**…

- Le pluriel des noms en **« -ail »** et en **« -ou »** est régulier.

un dét**ail** → des dét**ails**   un f**ou** → des f**ous**

Exceptions :
- Quelques noms à la terminaison en « -ail » se terminent par **« -aux »** :
un trav**ail** ⟫ des trav**aux**, un vitr**ail** ⟫ des vitr**aux**…
- Quelques noms à la terminaison en « -ou » prennent un **« x »** :
des gen**oux**, des bij**oux**, des caill**oux**, des ch**oux**, des hib**oux**, des jouj**oux**, des p**oux**.

- Pluriels irréguliers :

madame → **mesdames**
mademoiselle → **mesdemoiselles**
monsieur → **messieurs**
un œil → **des yeux**
un ciel → **des cieux**

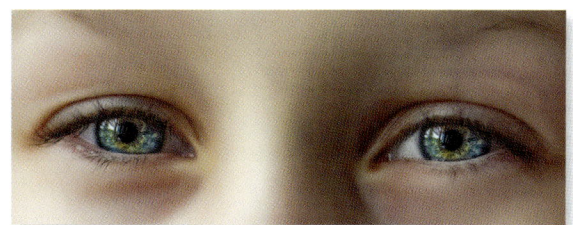

2 LA NOMINALISATION VERBALE

Cas général

- La nominalisation met en valeur le nom. On ajoute **un suffixe au verbe** pour le transformer en **nom**.

Exemple

augmenter
Le chômage a légèrement augmenté en juin.

augmentation
Légère **augment**ation du chômage en juin.

Verbe +	Suffixe féminin =	Nom
polluer	**-tion**	la pollution
créer	**-ation**	la création
exploser	**-sion**	l'explosion
connecter	**-xion**	la connexion
guérir	**-son**	la guérison
promener	**-ade**	la promenade
brûler	**-ure**	la brûlure
perdre	**-te**	la perte
se méfier	**-ance**	la méfiance
apparaître	**-ence**	l'apparence
entrer sortir prendre	**féminin du participe passé**	l'entrée la sortie la prise

LA NOMINALISATION VERBALE

Verbe	+ Suffixe masculin =	Nom
hériter	-age	l'héritage
enseigner	-ment	l'enseignement
résulter	-at	le résultat
gazouiller	-is	le gazouillis

- On peut aussi supprimer la terminaison de l'infinitif (on ajoute un « **e** » pour les noms féminins) ou garder l'infinitif et ajouter l'article.

| débuter ➤ **le début** | payer ➤ **la paye, la paie** (y > i) | chanter ➤ **le chant** |
| sauter ➤ **le saut** | garder ➤ **la garde** | rire ➤ **le rire** |

Exceptions :
naître ⟫ **la naissance**   partir ⟫ **le départ**   agir ⟫ **l'action**
mourir ⟫ **la mort**   revenir ⟫ **le retour**

Cas particulier

- Dans certains cas, un même verbe peut donner deux nominalisations, avec deux sens distincts : on parle de **double nominalisation**.

Exemples

Arrêter :
Nous descendons au prochain **arrêt**.

L'**arrestation** des manifestants s'est déroulée dans un climat de violence.

Agir :
L'**action** des défenseurs de l'environnement est soutenue par tout le monde.

Les voleurs ont été condamnés pour leurs **agissements**.

PARTIE 2
L'ARTICLE

3 LES ARTICLES DÉFINIS ET INDÉFINIS

Les articles définis

- L'article défini désigne une chose ou une personne **en particulier, unique et précise**.

	Masculin	Féminin
Singulier	**le** fils de Jeanne	**la** fille de Jeanne
Pluriel	**les** fils de Jeanne	**les** filles de Jeanne

- On utilise aussi l'article défini :
– avec les **notions**.
– avec **les verbes de goût** (aimer, détester, etc.).

Exemples

la beauté **l'**amour
Je déteste **le** café. J'adore **le** chocolat.

Devant une voyelle ou un « h » muet, « le », « la » deviennent « l' ».
L'amie de Jeanne **L'**héritier de Jeanne
Mais si c'est un « h » aspiré : **Le** hamster de Jeanne.

La liaison est obligatoire **entre « les »** et un nom commençant par **une voyelle ou un « h » muet**.
Les amies de Jeanne **Les** héritiers de Jeanne
Lorsque le « h » est aspiré, il n'y a pas de liaison : **Les** hamsters de Jeanne.

Les articles indéfinis

- L'article indéfini désigne **une catégorie** de choses ou de personnes.

	Masculin	Féminin
Singulier	**un** fils	**une** fille
Pluriel	**des** fils	**des** filles

LES ARTICLES DÉFINIS ET INDÉFINIS

- Les articles indéfinis « un » et « une » expriment **la quantité** (un = 1).

> **Exemple**
>
> J'ai **une** sœur et deux frères.

> La liaison est obligatoire **entre « un » ou « des »** et un nom commençant par **une voyelle ou un « h » muet**.
> **Un** héritier   **Des** amies
> [n]   [z]
> Mais si c'est un « h » aspiré, il n'y a pas de liaison : **Un** hamster   **Des** hamsters.
> [ɛ̃ amstɛr]   [de amstɛr]

Les articles contactés

- Les prépositions **« de »** et **« à » se contractent** avec les articles définis **« le »** et **« les »**.

de + le ⟫ **du**   à + le ⟫ **au**
de + les ⟫ **des**   à + les ⟫ **aux**

> **Exemples**
>
> Je parle **du** projet.   Je parle **au** père de Jeanne.
> Je parle **des** vacances.   Je parle **aux** sœurs de Jeanne.

- Mais elles **ne se contractent pas** avec les articles définis « la » et « l' ».

de la   à la
de l'   à l'

> **Exemples**
>
> Je parle **de la** visite de ma cousine.   Je parle **à la** sœur de Jeanne.
> Je parle **de l'**université.   Je parle **à l'**ami de Jeanne.

> Il faut distinguer **« des »** contracté (« de » + « les ») et **« des »** indéfini.
>
> **Exemples**
> Je parle **des** musiciens.   Je connais **des** musiciens célèbres.
>   = « de » + « les » (tous)   = pluriel de « un » (quelques)

4 LES PARTITIFS

- On utilise les partitifs pour indiquer **une quantité indéterminée**.
L'article défini désigne l'ensemble et le partitif désigne **une partie de cet ensemble**.

J'aime le pain et les fruits. Je mange **du** (de + le) pain et **des** (de + les) fruits.

	Masculin	Féminin
Singulier	Elle achète **du** pain et **de l'**alcool.	Elle achète **de la** farine et **de l'**huile.
Pluriel	Elle achète **des** haricots et **des** pâtes.	

- Le partitif s'utilise devant toutes les quantités globales non comptables (noms abstraits, matière, etc.).

Exemples

Il faut **du** courage, **de la** patience.
Demain, il y aura **de la** pluie et **du** vent.

- Lorsque le verbe **« faire »** signifie « pratiquer », il est suivi d'un article partitif.

Exemple

Je fais **du** piano, **de la** natation, **de l'**athlétisme, etc.

- **« Des »** peut être un article indéfini (pluriel de « un » ou un partitif (« de » + « les »).

Exemple
Pour le goûter, j'ai acheté **des** oranges et **des** myrtilles.
(pluriel de « un »)   (« de » + « les »)

LES PARTITIFS

- À la forme négative, « de » remplace « du », « de la », « des » et **« d' »** remplace « de l' ».

Exemples

Elle achète
- du pain.
- de la farine.
- des pâtes.

➡ Elle **n'**achète **pas**
- **de** pain.
- **de** farine.
- **de** pâtes.

Elle achète
- de l'alcool.
- de l'huile.

➡ Elle **n'**achète **plus**
- **d'**alcool.
- **d'**huile.

Dans une opposition, on conserve le partitif à la négation.

Exemples

Ce **n'**est **pas du** sucre mais **du** sel.   Je **ne** mange **pas des** galettes mais **des** crêpes.

Il n'y a pas de partitif après « sans ».

Exemple

Je mange **de la** salade avec **des** tomates mais **sans** huile.

5 — LES EXPRESSIONS DE QUANTITÉ

- **La quantité déterminée** peut être exprimée de différentes manières, selon qu'il s'agit d'une quantité globale, d'une quantité précise, d'une quantité-forme ou d'une partie prise sur un tout. Dans ces expressions de quantité, **« de »** remplace « du », « de la », « des ».

Quantité globale

un peu de sel ≠ **beaucoup de** miel
assez de beurre (autant qu'il faut)
trop de lait (plus qu'il faut)

Exemple

Et pour finir cette tarte au citron, ajoutez délicatement **un peu de** meringue.

- Il est possible de combiner les adverbes de quantité globale.

Exemples

J'ai acheté **un peu trop de** pain.
J'ai mangé **beaucoup trop de** frites.

Quantité précise

- C'est une quantité qu'on peut mesurer, peser, compter.

un litre de lait
un kilo de sucre
un mètre de tissu

cent grammes de farine
une douzaine d'œufs

Exemples

Dans cette recette, il y a seulement **trois cents grammes de** chocolat.

Il faudrait que tu achètes au supermarché **un litre de** lait et **un kilo de** sucre.

LES EXPRESSIONS DE QUANTITÉ

Quantité-forme

- C'est la quantité décrite par un contenant : une bouteille, un pot...

Aliments

un pot de confiture
un paquet de biscuits
une boîte de thon
un sac de pommes de terre
un sachet de levure

une tablette de chocolat
une plaquette de beurre
une botte de radis
une barquette de fraises

Liquides

un verre de vin
une tasse de café
une bouteille d'eau
une carafe d'eau
une canette de coca
une brique de jus de fruits

Hygiène

un tube de dentifrice
un flacon de parfum

Exemple

En cas de fringale, j'ai toujours **un pot de** confiture et **un paquet de** biscuits dans mon placard. Mais mon péché mignon, c'est savourer **la tablette de** chocolat !

Partie d'un tout

- C'est la quantité qu'on prend sur un tout plus grand : une part, une portion...

un morceau de fromage
une tranche de jambon
une rondelle de citron
une part de tarte

une pincée de sel
une cuillerée de moutarde
une poignée de noix

Exemple

– Combien faut-il mettre de moutarde ?
– Il en faut **deux petites-cuillerées**.
(= ce qu'on prend avec une petite cuillère)

21

PARTIE 3
L'ADJECTIF

6 LES ADJECTIFS QUALIFICATIFS
La place des adjectifs qualificatifs

Cas général

• On place en général l'adjectif **derrière** le nom.

Nom + **Adjectif long** / **Adjectif de nationalité** / **Adjectif de forme** / **Adjectif de couleur**

Exemples

un fauteuil **confortable**
un ami **japonais**
une table **ronde**
des meubles **blancs**

Les adjectifs courts et fréquents

• Ils se placent **devant** le nom.

beau – joli – petit / grand – gros – bon / mauvais – jeune / vieux – nouveau – double – autre / même

Exemples

un **nouveau** livre   un **beau** tapis

• Devant un adjectif « des » devient « de » : **de bons** amis.
• Devant une voyelle ou un « h » muet, « beau », « vieux », « nouveau » deviennent « bel », « vieil », « nouvel » :

beau	⟫ un **bel** appartement	un **bel** hôtel
vieux	⟫ un **vieil** appartement	un **vieil** hôtel
nouveau	⟫ un **nouvel** appartement	un **nouvel** hôtel

LES ADJECTIFS QUALIFICATIFS

Les nombres

• Les nombres cardinaux (un, deux, trois...) et ordinaux (premier, deuxième...) se placent toujours **devant** le nom.
« **Premier** », « **prochain** » et « **dernier** » se placent toujours juste **avant le nom** pour **les séries**.

Exemples

Les **quatre** filles du docteur March.
Le **deuxième** trimestre.

Le **prochain** candidat.
Les **deux derniers** films.

Cas particuliers

• Certains adjectifs peuvent être placés devant ou derrière le nom : **leur sens change en fonction de leur position.**

Derrière le nom	Devant le nom
Une maison **ancienne**. (= vieille)	Notre **ancienne** maison. (= d'avant)
Je trouve que c'est un appartement **cher**. (= coûteux)	Je retrouve mon **cher** appartement. (= que j'aime bien)
Une histoire **sacrée**. (= sainte, sens religieux)	Une **sacrée** histoire. (= incroyable)
Une personne **curieuse**. (= indiscrète)	Une **curieuse** personne. (= bizarre)
Une histoire **drôle**. (= qui fait rire)	Une **drôle** d'histoire. (= qui est étonnante)
Un homme **brave**. (= courageux)	Un **brave** homme. (= gentil)
Il possède des livres **différents**. (= variés)	Il possède **différents** livres. (= plusieurs)
Une dame **seule**. (= qui vit seule)	Une **seule** dame. (= seulement une)
C'est un homme **pauvre**. (= sans argent)	C'est un **pauvre** homme. (= malheureux)
Il a les mains **sales**. (= pas propres)	C'est une **sale** histoire. (= triste, difficile)
Ma chambre **propre**. (= qui n'est pas sale)	Ma **propre** chambre. (= la mienne)
Un **homme** grand. (= grand de taille)	Un grand **homme**. (= célèbre, important)

> **Exemples**

Un homme **grand**.

Louis XIV,
un **grand** homme.
  [t]

Avec plusieurs adjectifs

- Plusieurs adjectifs peuvent se suivre.
- Certains adjectifs courts se placent toujours en premier : **bon/mauvais, jeune/vieux, petit/grand, gros, nouveau, beau et joli**.

Adjectif court + nom + (adjectif)

> **Exemples**

une table **basse ovale**
de **bons** fauteuils
un **beau** tapis **persan**
une **jolie** petite chaise **bleue**

 Quand il est employé comme adjectif, **le participe passé se place en général à la fin**.

Exemple

des meubles anciens **rénovés**

LES ADJECTIFS QUALIFICATIFS

L'accord des adjectifs : le masculin et le féminin

Cas général

- Pour former le féminin d'un adjectif, on ajoute **« e »** au masculin.

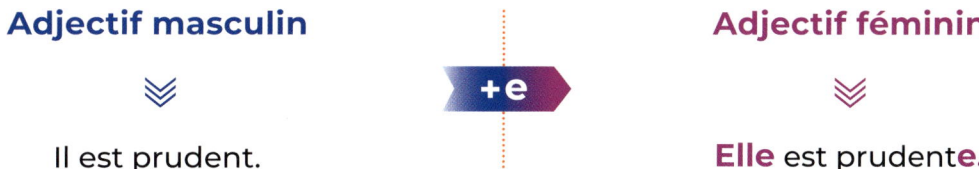

Adjectif masculin — +e — Adjectif féminin

Il est prudent.   Elle est prudent**e**.

- Les finales « -s », « -d », « -t » sont muettes au masculin **mais sonores au féminin à cause du « e »**.
  Exemple
  Elle est pruden**t**e.

- Le masculin et le féminin ont parfois la même prononciation.
  Exemples
  Il est russe. ⟫ Elle est russe.
  Le sac est noi**r** et origina**l**. ⟫ La valise est noir**e** et original**e**.

- Parfois, la consonne finale se double au féminin :

-on → -onne	-en → -enne	-el → -elle
mign**on** → mign**onne**	anci**en** → anci**enne**	habitu**el** → habitu**elle**

- Parfois, toute la finale change au féminin :

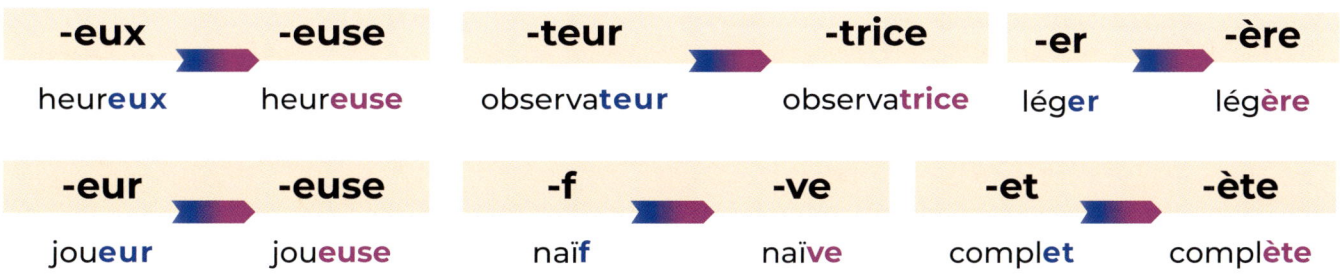

-eux → -euse	-teur → -trice	-er → -ère
heur**eux** → heur**euse**	observa**teur** → observa**trice**	lég**er** → lég**ère**

-eur → -euse	-f → -ve	-et → -ète
jou**eur** → jou**euse**	naï**f** → naï**ve**	compl**et** → compl**ète**

Cas particuliers

bas	basse	grec	grecque
beau	belle	jaloux	jalouse
blanc	blanche	long	longue
bref	brève	nouveau	nouvelle
doux	douce	public	publique
faux	fausse	roux	rousse
fou	folle	sec	sèche
frais	fraîche	vieux	vieille
gentil	gentille	violet	violette

L'accord des adjectifs : le singulier et le pluriel

Cas général

- Pour former le pluriel d'un adjectif, on ajoute **« -s »** au singulier.

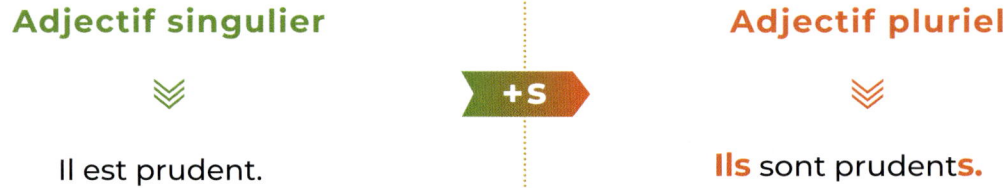

Adjectif singulier → +S → **Adjectif pluriel**

Il est prudent.   Ils sont prudents.

LES ADJECTIFS QUALIFICATIFS

- Quand le singulier se termine par **« -s »** ou par **« -x »**, le pluriel est identique.

Exemple

un homme jaloux ➤ des hommes jaloux

Le singulier et le pluriel ont souvent la même prononciation.

Exemples

Un chat gr**is**. [i] ⟫ Des chats gr**is**. [i]
Une chatte gr**ise**. [iz] ⟫ Des chattes gr**ises**. [iz]

Lorsqu'il y a un ou plusieurs **noms masculins** et un ou plusieurs **noms féminins**, l'accord de l'adjectif commun est toujours au **masculin pluriel**.
Nom masculin + nom féminin ⟫ **adjectif masculin pluriel**

Exemple

Ce **pantalon** et cette **veste** sont **élégants**.

Cas particulier

- Les terminaisons des adjectifs en **« -al »** et en **« -eau »** deviennent **« -aux »** et **« -eaux »** au pluriel.

roy**al**   roy**aux**

nouv**eau**   nouv**eaux**

- Mais les adjectifs suivants font leur pluriel en « -al » : **finals, bancals, fatals, banals.**

Exemples

Des accidents **banals** deviennent parfois **fatals**.
Ces vieux meubles sont **bancals**.

- Attention ! Quelques adjectifs peuvent indifféremment faire leur pluriel en « -als » ou en « -aux » : **glacial, idéal, austral, boréal.**

Exemple

Ici, les hivers sont glaci**als** / glaci**aux**.

Les adjectifs de couleur

- La plupart des adjectifs de couleur s'accordent avec le nom.

Exemples

des chemises **bleues**
une ceinture **verte**

- Il y a deux cas où ils sont invariables.

Adjectifs de couleur dérivés d'un objet	Adjectifs de couleur composés
des pulls **orange**	des chemises **bleu clair**

Exemples

des yeux **noisette**
des bottes **marron**

des chaussures **gris foncé**
une écharpe **vert émeraude**

Exceptions :

- Certains adjectifs de couleur dérivés d'un objet s'accordent : **rose, violet, mauve, châtain...**
« Châtain » ne s'accorde pas au **féminin**.

Exemples

des pulls **roses**   des robes **violettes**   des cheveux **châtains**

7 LES ADJECTIFS POSSESSIFS ET DÉMONSTRATIFS

Les adjectifs possessifs

- En français, on utilise l'adjectif possessif pour désigner un **possesseur**. L'adjectif possessif s'accorde avec **le nom possédé**.

Nom possédé / Possesseur	Nom masculin	Nom féminin	Nom pluriel
Je	**mon** livre	**ma** chambre	**mes** livres **mes** chambres
Tu	**ton** livre	**ta** chambre	**tes** livres **tes** chambres
Il/Elle	**son** livre	**sa** chambre	**ses** livres **ses** chambres
Nous	**notre** livre	**notre** chambre	**nos** livres **nos** chambres
Vous	**votre** livre	**votre** chambre	**vos** livres **vos** chambres
Ils/Elles	**leur** livre	**leur** chambre	**leurs** livres **leurs** chambres

Devant une voyelle ou un « h » muet, « ma », « ta », « sa » deviennent « mon », « ton », « son ». La liaison est alors obligatoire.

Exemples

mon écharpe　　　**ton** écharpe　　　**son** écharpe
[n]

mon héroïne　　　**ton** héroïne　　　**son** héroïne
[n]

« Leur » et « leurs » **ont la même prononciation** sauf lorsque « leurs » est suivi d'un nom commençant par une voyelle ou un « h » muet. On fait alors la liaison.

Exemples

leurs amis   **leurs** héritiers
   [z]

Mais si le « h » est aspiré, il n'y a pas de liaison.

Exemple

leurs hamsters

Avec **« on »**, le choix de l'adjectif possessif dépend du sens :

Exemples

On a invité tous **nos** amis.
« on » pluriel = « nous »

Quand **on** est jeune, on rêve de réussir **sa** vie.
« on » singulier = « tout le monde »

LES ADJECTIFS POSSESSIFS ET DÉMONSTRATIFS

Les adjectifs démonstratifs

- L'adjectif démonstratif s'accorde avec le nom. **Il désigne des personnes, des choses ou des notions présentes** (proches ou lointaines).

	Nom masculin		Nom féminin
Singulier	ce livre	cet ouvrage	cette statue
Pluriel	ces livres	ces ouvrages	ces statues

Devant une voyelle ou un « h » muet, « ce » devient « cet ».

Exemples

cet ouvrage   **cet** habit

Exemples

Regarde **cette** tour, c'est la tour Montparnasse.

Ces statues en marbre sont vraiment splendides.

- Il reprend ce dont on vient de parler (qui est présent donc dans l'idée, le souvenir).

Exemple

– Je viendrai avec un ami.   – **Cet** ami, je le connais ?

- Il désigne **une période de temps proche ou en cours**.

> **Exemples**

Cet été, j'irai à la mer.
Le sommet pour le climat se déroule **cette semaine**.
Cette année, il a fait très chaud.
À cette période, il fait toujours beau.

- On peut ajouter **« -ci » pour marquer la proximité** ou **« -là » pour marquer l'éloignement** d'un moment donné ou simplement pour désigner un objet.

> **Exemples**

Ce livre-**là**, je l'ai beaucoup aimé. (désignation)
Il viendra ces jours-**ci**. (= bientôt)

Cette année-**là**, il partit en voyage. (= il y a longtemps)

8 LES ADJECTIFS INDÉFINIS

• Les adjectifs indéfinis expriment **des nuances imprécises de quantité** : la quantité zéro, la quantité partielle et la quantité globale. Ils peuvent aussi exprimer **une qualité**. Certains adjectifs indéfinis sont variables et **s'accordent avec le nom**, d'autres sont **invariables**.

> Exemples

Je connais **plusieurs** pays d'Asie : **certains** pays du Sud-Est et **quelques** pays plus lointains.
Je connais **toutes** les grandes capitales mais je ne parle **aucune** langue étrangère.

Les adjectifs indéfinis de quantité

• **La quantité zéro** :
- aucun/aucune (= zéro)
- nul/nulle (= zéro)

> Exemples

Je **ne** connais **aucune** employée. (= pas une seule)
Je **n'**ai **nul** besoin de travailler.

• **La quantité partielle** :
- différents/différentes (= des)
- divers/diverses (= des)
- plusieurs (= des)
- certain(s)/certaine(s) (= un, une, des)
- quelques (= des) /quelque (= un/une)

> **Exemples**

J'ai **quelque** expérience dans ce domaine. (= une certaine expérience)
Je connais **certains** employés.
Je connais **quelques** collègues. (petit nombre)
J'ai embauché **plusieurs** jeunes. (nombre plus important)
J'ai travaillé dans **différents** pays pour **diverses** entreprises.

- **La quantité globale (totalité)** :
- chaque (tous les éléments d'un ensemble pris un par un)
- tout/toute/tous/toutes (valeur globale)

> **Exemples**

Je connais **chaque** employé. (individu en particulier)
Je connais **tout** le monde. (totalité de l'ensemble)
Je connais **toutes** les employées. (totalité des éléments)

« **Chaque** » est toujours au **singulier** et « **plusieurs** » est toujours au **pluriel**.

Exemples

Je connais chaque personne.
Je connais déjà plusieurs personnes.

Les adjectifs indéfinis de qualité

- **L'indétermination** : n'importe quel/n'importe quels/n'importe quelle/n'importe quelles.

> **Exemples**

N'importe quel employé me connaît.
N'importe quelles entreprises m'embaucheraient.

- **L'identité, la ressemblance et la différence** :
– même/mêmes (identité)
– autre/autres (différence)
– tel/tels/telle/telles (ressemblance)

LES ADJECTIFS INDÉFINIS

> **Exemples**

Je n'ai jamais vu **une telle** employée modèle.
Je déteste **la même** chanson que toi.
J'aime **les mêmes** chanteurs que toi.
Je préfère écouter **une autre** chanson.
J'aime **d'autres** chanteurs que toi.

« **Tous** » et « **toutes** » + **expression de temps** s'accordent avec le nom.

Exemples

Je travaille **toutes les nuits** cette semaine.
  (= sept nuits)

Je vais au musée **tous les mois**.
  (= une fois par mois)

9 LES ADJECTIFS SUIVIS D'UNE PRÉPOSITION

• L'adjectif peut être suivi d'un complément introduit par la préposition **« de »** ou **« à »**.
Deux constructions sont possibles.

Adjectif > préposition > nom

Adjectif > préposition > infinitif

Exemples

Mon voisin est **heureux de sa trottinette**.

Cette trottinette est **facile à conduire**.

• La préposition la plus fréquente après un adjectif est **« de »**. On la retrouve après les adjectifs « content », « pressé », « triste », « jaloux », « déçu », « effrayé », « enthousiaste », « fier »...

Exemples

Je suis
- **pressé de** partir.
- **triste de** déménager.
- **déçu de** rentrer.
- **effrayé de** sortir.
- **fier de** sa victoire.

• Mais la préposition **« à »** est utilisée après les adjectifs « facile/difficile », « habitué », « prêt », « favorable », « opposé », « fidèle », « indispensable »...

Exemples

Il est
- **facile à** convaincre.
- **opposé à** notre solution.
- **fidèle à** ses principes.
- **indispensable à** ce projet.

10 LA COMPARAISON

Le comparatif avec un adjectif ou un adverbe

Cas général

- Le comparatif exprime une comparaison d'**infériorité** (moins), d'**égalité** ou de **supériorité** (plus). **Quand on compare des qualités**, la comparaison porte sur un adjectif ou un adverbe.

$$\begin{bmatrix} \text{plus} \\ \text{aussi} \\ \text{moins} \end{bmatrix} + \begin{matrix} \text{adjectif} \\ \text{ou} \\ \text{adverbe} \end{matrix} + \text{que}$$

- L'adjectif s'accorde **avec le sujet**.

La **ville** de Strasbourg est **plus** petit**e** / **aussi** joli**e** **que** Paris. / **moins** chèr**e**

- Avec un adverbe, il n'y a pas d'accord.

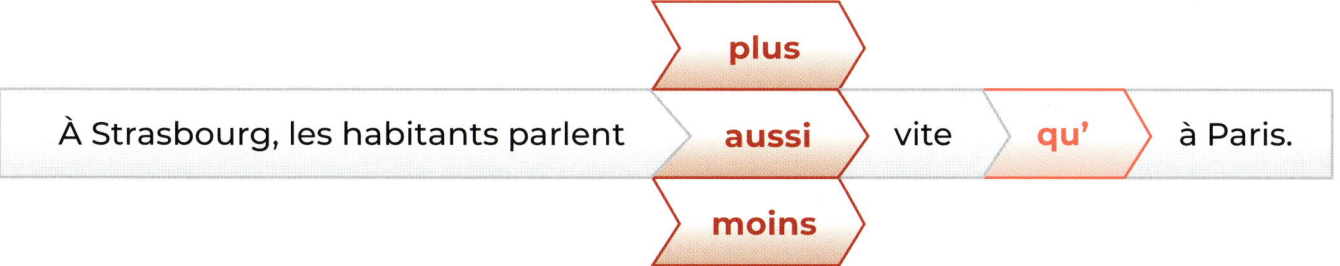

À Strasbourg, les habitants parlent **plus** / **aussi** vite **qu'** à Paris. / **moins**

39

Cas particuliers

- **Les comparatifs de supériorité** de l'adjectif **« bon »** sont irréguliers.

| bon | ➡ | **meilleur** | bonne | ➡ | **meilleure** |
| bons | ➡ | **meilleurs** | bonnes | ➡ | **meilleures** |

Exemple

La cuisine de Strasbourg est bonne.
➡ La cuisine de Strasbourg est **meilleure que** celle de Paris.

- Les contraires de **« meilleur »** sont **« plus mauvais »** ou **« pire »**.

Exemples

Ce vin blanc est **plus mauvais que** ce vin rouge. (Il est moins bon.)
Ce vin blanc est **pire que** tout. (Il est encore moins bon que tous les autres vins.)

- Le comparatif de supériorité de l'adverbe **« bien »** aussi est irrégulier.

bien ➡ **mieux**

Exemple

À Strasbourg, on cuisine bien. À Strasbourg, on cuisine **mieux qu'**à Paris.

- Le contraire de **« mieux »** est **« plus mal »**.

Exemple

Il est vrai que je cuisine **plus mal que** toi.

- Il ne faut pas confondre « bon » et « bien ».

Exemples

C'est un **bon** cuisinier. Il cuisine **bien**.
adjectif adverbe

LA COMPARAISON

Le comparatif avec un nom ou un verbe

- **Quand on compare des quantités**, la comparaison porte sur un nom ou un verbe.

- Avec un nom :

$$\left.\begin{array}{c}\text{plus}\\\text{autant}\\\text{moins}\end{array}\right\} + \text{de} + \text{nom} + \text{que}$$

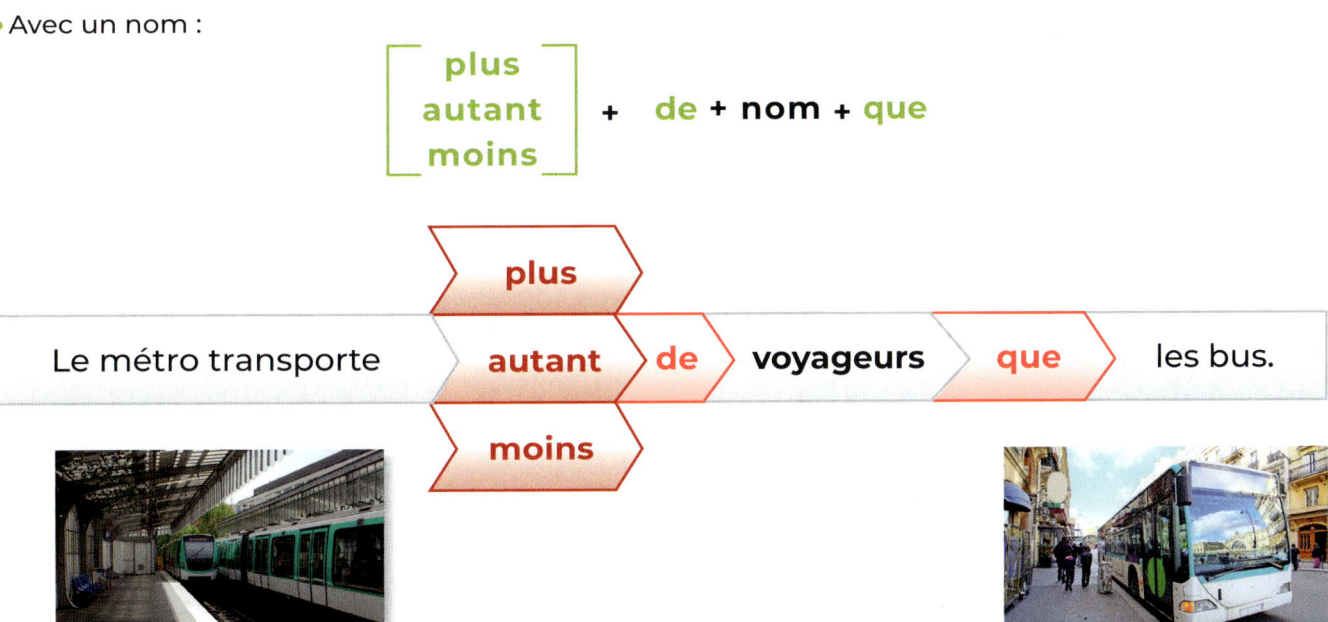

Le métro transporte **plus / autant / moins** de **voyageurs** que les bus.

- Avec un verbe :

$$\text{verbe} + \left\{\begin{array}{c}\text{plus}\\\text{autant}\\\text{moins}\end{array}\right\} + \text{que}$$

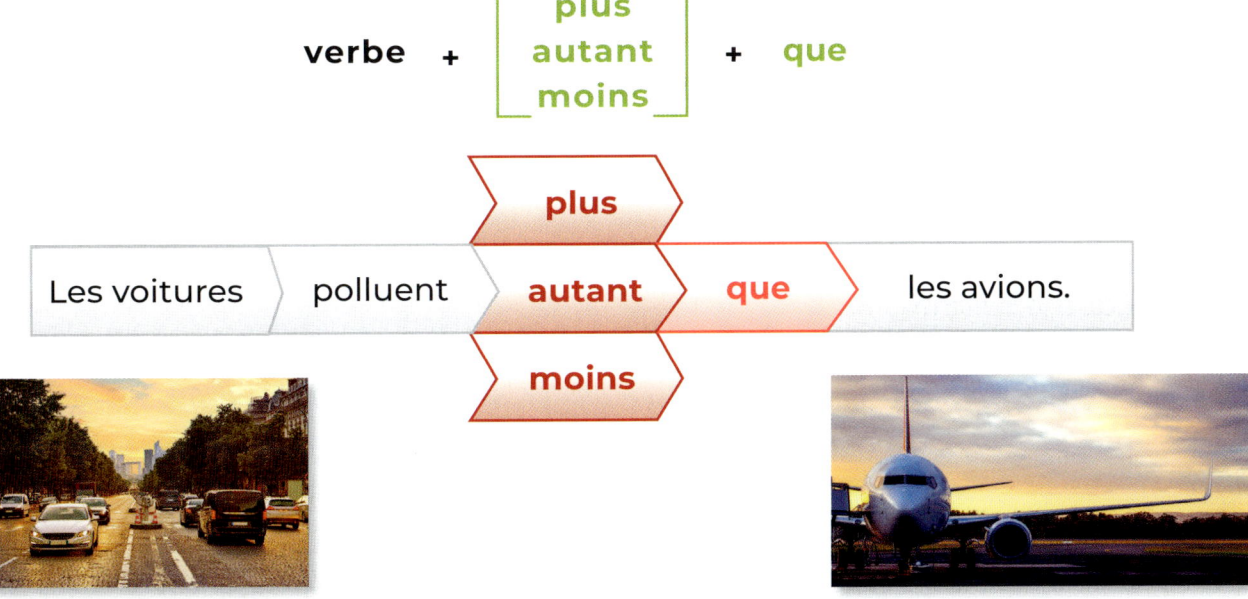

Les voitures polluent **plus / autant / moins** que les avions.

- Si **l'élément comparé est connu de tous**, il n'est pas nécessaire de le préciser.

Exemples

Le vélo pollue moins.
Le taxi transporte moins de voyageurs.

On prononce le **« s »** de **« plus que »**, de **« plus de »** et de **« plus »** en fin de phrase.

Exemples

Je dors **plus que** toi.
Je fais **plus de** sport.
Je mange **plus**.

« Comme » sert à comparer deux éléments sans idée de dégré (infériorité, égalité ou supériorité). Il exprime la **ressemblance**.

Exemple

Il est blond **comme** moi.

11 LE SUPERLATIF

- Avec le superlatif, on compare **un élément à l'ensemble de tous les autres éléments** ou on exprime une qualité à son **degré maximum**.

- Construction avec **un adjectif**.

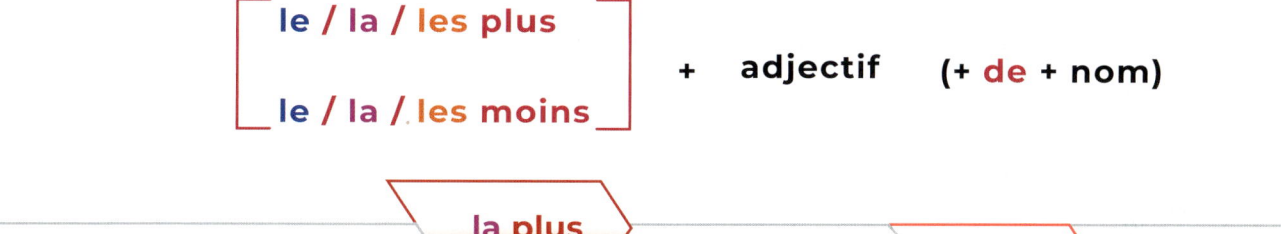

C'est la région | la plus / la moins | visitée | de | France.

- Construction avec **un adverbe**.

le plus / le moins + adverbe

C'est la région où les touristes vont le plus / le moins souvent.

43

- Construction avec **un verbe**.

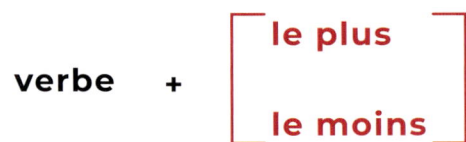

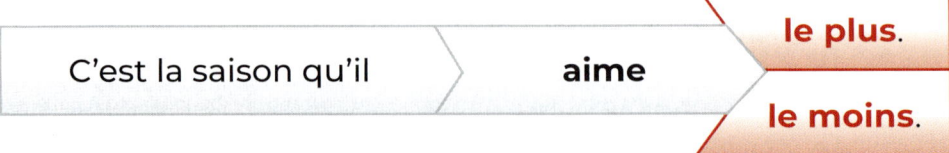

- Construction avec **un nom**.

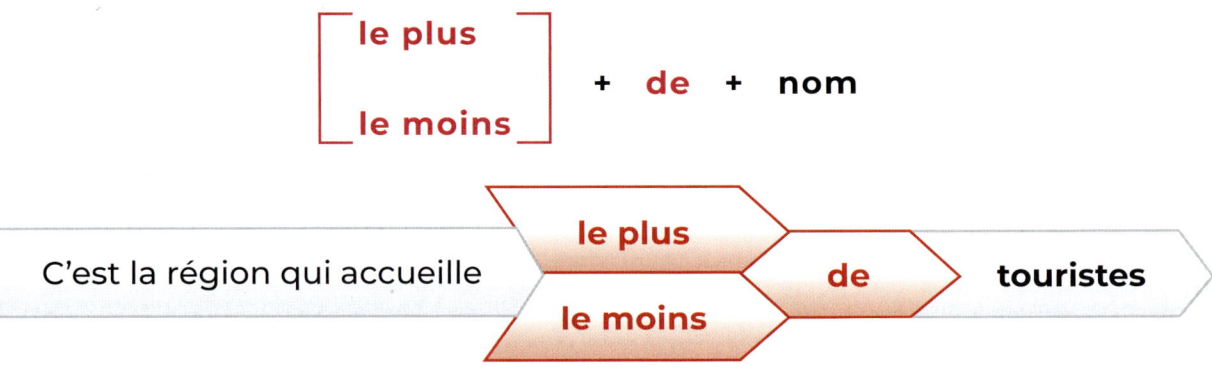

Cas particuliers

- **Les superlatifs** de l'adjectif « **bon** » et de l'adverbe « **bien** » sont irréguliers.

Exemples

Cette chef est **la meilleure**.
C'est elle qui cuisine **le mieux**.
Ce sont les restaurants **les mieux** notés de la région.

LE SUPERLATIF

- Le contraire de « le meilleur / la meilleure / les meilleur(e)s » est « **le plus mauvais** / **la plus mauvaise** / **les plus mauvais(e)s** ». **Pour accentuer l'aspect négatif**, on peut aussi utiliser « pire » : **le pire/la pire/les pires.**

Exemple

C'est **la pire** saison de l'année.

- **Certains adjectifs peuvent se placer aussi avant le nom.**
Dans ce cas leur superlatif peut se placer avant ou après le nom.

Exemples

C'est **la région la plus belle** de France.
C'est **la plus belle région** de France.

La place des adjectifs ➡ **p. 24**

PARTIE 4
LES ADVERBES ET LES PRÉPOSITIONS

12 LES ADVERBES DE QUANTITÉ

• Les adverbes de quantité évoquent **une quantité indéterminée**, une quantité évaluée globalement. Ils peuvent modifier un verbe, un adjectif ou un adverbe.

+ ↑ **trop** (= en quantité excessive)
plus
beaucoup (= en grande quantité)
davantage
autant
assez (= en quantité suffisante)
moins
− **peu** (= en faible quantité)

• Ils se placent **avant l'adjectif ou l'adverbe**, et **après le verbe ou l'auxiliaire**.

Exemples

Cette course est **trop** longue.

Il n'a pas couru **assez** vite.

Il <u>a</u> **beaucoup** grossi, il <u>mange</u> **trop**.
  auxiliaire   verbe

• Ils peuvent être associés à **la préposition « de »** avec un **nom sans article** (valeur indéfinie).

Exemples

Elle mange **assez de fruits**.   Elle a **un peu trop de soucis**.
Elle a **beaucoup d'amis**.   Elle achète **peu de** livres.

• Certains de ces adverbes associés à **« que »** (ou « de ») servent à former **les comparatifs et les superlatifs** (avec l'article défini).

Comparatif — plus / moins + adjectif + que
                 autant / plus / moins + verbe + que
                 autant de / moins de / plus de + nom + que

Superlatif — le/la plus
             le/la moins

Exemples

J'ai **autant de** patience <u>que</u> toi.

C'est la chanteuse **la plus** douée <u>de</u> sa génération.

Le comparatif ➡ p. 39   Le superlatif ➡ p. 43

13 LES ADVERBES D'INTENSITÉ

• Les adverbes d'intensité évoquent **le degré plus ou moins élevé** d'une qualité, d'un état, d'un sentiment. Ils modifient un adjectif, un adverbe, un nom ou un verbe.

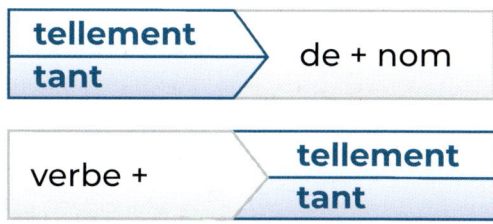

Exemples

Ma sœur est arrivée **très** tôt, elle est **très** ponctuelle.
C'est une personne **si** agréable. Elle est **si** admirée de tous !
Elle a **tellement** de responsabilités. Mais elle travaille **tant** !

• « Si », « tellement » et « tant » associés à **« que »** expriment la **conséquence**.

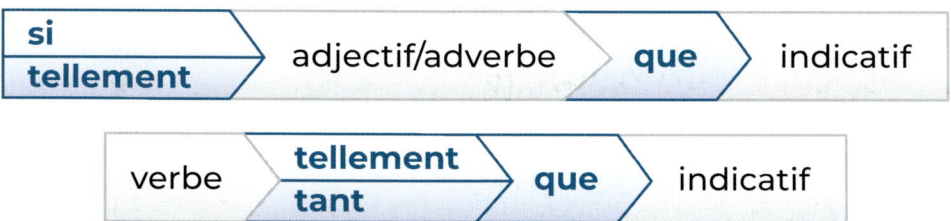

Exemples

Il est **tellement** distrait qu'il **a oublié** ses clés.
Il parle **tant qu'**il n'**écoute** jamais les autres.
Et il parle **si** vite **qu'**on **a** du mal à le suivre.

• « Si (... que) » exprime la **concession**. Il est suivi du subjonctif.

Exemples

Si patient **que** tu **sois**, ces bavardages te fatiguent.
Mais aujourd'hui, **si** bavard **soit**-il, il a pris le temps de m'écouter.
         inversion
         sujet/verbe

Cas particulier

- « **Tout** » peut aussi être un adverbe d'intensité. Il signifie « entièrement », « tout à fait » ou « très ».

Exemples

Il prend un **tout** petit morceau de pain.
La famille **tout** entière s'est réunie.

Contrairement aux autres adverbes, **l'adverbe « tout » s'accorde avec l'adjectif féminin singulier ou pluriel qui commence par une consonne ou un « h » aspiré.**

« Tout » est invariable	« Tout » s'accorde en genre et en nombre
Le ciel est **tout** bleu.	La mer est **toute** bleue.
Les nuages sont **tout** blancs.	Elles sont **toutes** bronzées.
Elle est **tout** habillée de noir. (h muet)	Elle est **toute** honteuse. (h aspiré)

La concession ➡ **p. 172**
La conséquence ➡ **p. 186**

14. LES PRÉPOSITIONS ET LES ADVERBES DE TEMPS

• Les prépositions et les adverbes de temps permettent de **situer une action dans le temps (passé, présent ou futur)**. Ils indiquent qu'une action est terminée, qu'elle est en cours ou qu'elle n'a pas encore commencé. Ils peuvent aussi indiquer la durée, le début ou la fin d'une action. Les **prépositions** s'emploient **devant un nom**, les **adverbes** s'emploient **seuls**.

Les prépositions de temps

• Pour indiquer un moment, on emploie les prépositions suivantes :
- **à** + horaire ou moment
- **en** + mois
- **avant/après** + nom, date ou horaire

> Exemples

À <u>17 heures</u>, il fait déjà nuit **en** <u>décembre</u>. **Après** le <u>21 décembre</u>, les jours rallongent.
   heure   mois   date

Il a quitté Cannes **avant** le festival.

• On dit « en été, en automne, en hiver », mais « au printemps ».

> Exemple

En hiver je vais à la montagne et **en été** je vais à la mer. Mais **en automne** et **au printemps**, je reste chez moi !

• Pour exprimer **la durée au présent**, on utilise les prépositions suivantes :
- **Depuis** : origine d'une situation toujours actuelle.
- **Pour** : durée prévue.
- **Pendant** : durée déterminée d'une action.
- **En** : temps estimé nécessaire pour faire quelque chose.

> Exemples

Je suis diplômée **depuis** 2018. (date)
Je travaille **depuis** trois ans. (durée)
Attends-moi, j'en ai **pour** une minute !
Pendant la nuit, je fais de drôles de rêves.
Tous les matins, je me brosse les dents **pendant** trois minutes.
Je peux courir 12 km **en** deux heures.

- Pour exprimer **la durée au passé et au futur**, on utilise les prépositions suivantes :
- **Dans** : moment ou fin d'une durée dans le futur.
- **Pour** : durée prévue.
- **Pendant** : durée finie (début et fin connus).
- **En** : temps estimé nécessaire pour faire quelque chose.

Exemples

Je partirai **dans** quelques heures.
futur simple
Je suis venue à Montréal **pour** un mois.
Je serai à Montréal **pour** un mois.
Pendant deux heures, je n'ai fait que réparer mon ordinateur.
Je ne ferai que travailler **pendant** les prochains jours.
Je suis sûre que j'écrirai ma lettre de motivation **en** une heure !
J'ai repeint le hall **en** une journée.

Il faut bien distinguer « **pour** » et « **pendant** », « **en** » et « **pendant** » et « **en** » et « **dans** ».
- **Pour / Pendant (au passé)**

Exemples
On m'a engagé **pour une période d'essai de trois mois**. (à partir d'aujourd'hui)
J'ai travaillé **pendant huit ans** dans cette entreprise. (c'est fini)

- **En / Pendant (au passé)**

Exemples
Je me suis endormi **en cinq minutes**. (temps nécessaire à l'action)
Il a dormi **pendant neuf heures**. (accent sur l'action)

- **En / Dans (au présent et au futur)**

Exemples
Je dois finir ce projet **en** un mois. (temps de réalisation)
Je vous appellerai **dans** deux jours. (date future)

- Pour préciser **le cours d'une action**, on utilise les prépositions suivantes :
- **À partir de, dès** : début d'une action.
- **Jusqu'à/à la/au/aux** : fin d'une action.

Exemples

À partir de lundi, **dès** 8 heures, je reprends le travail.
Nous danserons **jusqu'au** petit matin.
Les voisins ont fait du bruit **jusqu'à** minuit.
heures sans article

LES PRÉPOSITIONS ET LES ADVERBES DE TEMPS

Les adverbes de temps

- Les adverbes répondent à la question « quand ? ». Ils peuvent indiquer **la date**.

- **La chronologie par rapport au présent**

| La semaine dernière | Avant-hier | Hier | Aujourd'hui | Demain | Après-demain | La semaine prochaine |

Exemples

Aujourd'hui, il pleut des cordes.
Demain, il fera nuageux.
Hier, le temps était ensoleillé.

- **La chronologie par rapport au passé**

| La semaine précédente | L'avant-veille | La veille | Ce jour-là | Le lendemain | Le surlendemain | La semaine suivante |

Exemple

Ce jour-là, j'en profitai pour visiter le Colisée. En effet, j'étais arrivée **la veille** à Rome pour donner une conférence et elle ne devait avoir lieu que **le lendemain**.

- Les adverbes peuvent préciser **un moment**.

Avant	En ce moment	Tout à l'heure
Auparavant	À ce moment-là	Plus tard
Autrefois	Maintenant	
Jadis	Actuellement	
Naguère	Désormais	
	Dorénavant	

53

> **Exemples**

Auparavant, les magasins fermaient à 20 heures, **désormais**, ils sont ouverts jusqu'à 22 heures.
En ce moment, ce sont les soldes. J'irai **tout à l'heure** dans ma boutique préférée.

- Ils peuvent indiquer **la simultanéité** (quand deux actions ou plus se passent en même temps).

En même temps
Au même moment
Au même instant

> **Exemples**

Hier, mon frère et moi, nous sommes arrivés **en même temps** chez nos parents.
Le lendemain matin, quand je me réveillais, **au même moment**, le soleil se levait.

15 LES PRÉPOSITIONS ET LES ADVERBES DE LIEU

- Les prépositions (devant un nom) et les adverbes (employé seuls) de lieu permettent de situer le lieu où se déroule l'action.

Les prépositions de lieu

- Les prépositions **« à »**, **« en »**, **« au(x) »** se placent devant la ville, le pays, le continent **où on est** ou bien **où on va** (être / aller).

- **à**
  - **+ ville**
  - **+ pays sans article**

- **au**   **+ pays masculin**
- **aux**   **+ pays pluriel**

- **en**
  - **+ pays féminin**
  - **+ pays commençant par une voyelle**
  - **+ continent**

Je vais **à** Pékin.
Nous sommes allés **à** Cuba.
Allons **au** Portugal !
Elles sont **aux** États-Unis.
Je vais **en** Chine.
Tu seras **en** Espagne.
Je suis **en** Europe.

Attention aux villes avec article.

Exemple

Je pars **au** Caire puis **à La** Nouvelle-Orléans.

- Les prépositions **« de »**, **« d' »**, **« du »**, **« des »** se placent devant la ville, le pays, le continent **d'où on vient**.

- **de**
  - **+ ville**
  - **+ pays / région / État féminin**

- **d'**
  - **+ ville commençant par une voyelle ou un « h » muet**
  - **+ pays / région / État commençant par une voyelle ou un « h » muet**

Je viens **de** Florence.
Vous arrivez **de** France.
Il vient **de** Hongrie. (« h » aspiré)
Tu viens **d'**Amiens.
Je suis **d'**Haïti.

- **du** + pays / région / État masculin
- **des** + pays pluriel

Elle arrive **du** Honduras. (« h » aspiré)
Nous venons **du** Portugal.
Tu es **du** Cantal.
Je viens **des** États-Unis.

Quelques prépositions de lieu

- **sur** ≠ **sous**

Le papillon est posé **sur** la cage.
Le chat est **sous** l'arbre.

- **dans** ≠ **à l'extérieur de**

L'oiseau est **dans** la cage.
Le papillon vole **à l'extérieur de** la cage.

- **devant** ≠ **derrière**

L'ordinateur est **devant** Marc.
Julie est **derrière** Marc.

- **à côté de / près de** ≠ **loin de**
  (= proximité) (= éloignement)

La tour Eiffel est **près de** la Seine.
Le cinéma est **loin du** métro.

- **au-dessus de** ≠ **au-dessous de**
  (= un niveau plus haut) (= un niveau plus bas)

J'habite **au-dessus d'**une boulangerie.
Au-dessous de mon appartement,
il y a une boulangerie.

- **à droite de** ≠ **à gauche de** ≠ **en face de**

Le bureau est **à gauche de** la fenêtre,
la lampe est **à droite des** poufs.
En face du bureau, il y a la télé.

LES PRÉPOSITIONS ET LES ADVERBES DE LIEU

- **en haut de** ≠ **en bas de** .... **En bas des** pistes il n'y a plus de neige, mais **en haut de** la montagne, il y en a beaucoup.

- **au milieu de** = **au centre de** .... L'île de la Cité est **au centre de** Paris.

- **entre (... et...)** (= avec deux éléments) .... Je vis **entre** Paris **et** Berlin.

- **jusqu'à jusqu'à / au / aux** .... Le terrain derrière la maison va
  (= indique une limite dans l'espace) **jusqu'au** bois.

- **au bord de**   **au bout de**   **au fond de** .... Le kiosque est **au fond du** parc, **au bout de** l'allée.
  Il y a aussi un banc **au bord de** l'eau.

Cas particuliers :
- marcher **sur** la route, **dans** la rue
- être assis **sur** une chaise, **dans** un fauteuil
- être **au** soleil, **sous** la pluie
- lire **dans** le journal, **sur** Internet, **sur** un blog
- entendre **à la** radio, regarder **à la** télévision

Les adverbes de lieu

- **dedans** ≠ **dehors** .... **Dehors**, il fait froid mais **dedans**, il fait bien chaud.

- **ici** ≠ **là** .... **Ici**, vous êtes à l'accueil. La salle d'attente est **là**, au bout du couloir.
(Dans le langage courant, « là » employé seul a le même sens qu'« ici ».)
– Pierre est **là** ? – Non il est rentré chez lui.

- **là-bas** (= endroit lointain) .... Regarde **là-bas** !

- **partout** ≠ **nulle part** .... – Je me sens chez moi **partout**.
(= en tous lieux) (= en aucun lieu)
– Pas moi, ma place n'est **nulle part** : j'ai l'impression d'être de trop.

- **quelque part** (= lieu non défini) .... J'ai perdu ma montre, mais elle doit bien être **quelque part**.

- **aux environs** = **aux alentours** (= à proximité) .... Le chien de berger est sur ses gardes, le loup rôde **aux alentours**.

- **ailleurs** (= dans un autre lieu) .... Allons **ailleurs**, où il fait moins chaud.

LES PRÉPOSITIONS ET LES ADVERBES DE LIEU

Les prépositions avec « être », « aller » et « venir »

- « À » s'emploie pour un lieu.

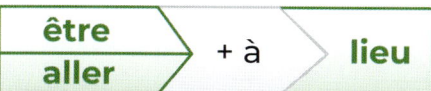

Exemples

Je **suis à** la piscine.
Ce soir, je **vais à** l'Opéra.

- « Chez » s'emploie pour une personne.

Je **suis chez** moi aujourd'hui.
Demain, je **vais chez** le médecin.

- « De » s'emploie seul ou avec « chez ».

Je **viens de** Lyon.
Je **viens de chez** mes amis.

16 LES ADVERBES DE FRÉQUENCE

• Ce sont des adverbes de temps qui évoquent **la fréquence d'une action**.

0%
- (ne...) jamais
- rarement
- de temps en temps
- quelquefois
- parfois
- souvent
- régulièrement
- habituellement
- toujours

100%

Exemples

Je mange **toujours** des fruits le matin.
Nous faisons **régulièrement** du sport.

Ils <u>ne</u> mangent **jamais** de viande le soir.
Le soir, elle boit **de temps en temps** une tisane en lisant.

Les adverbes en « -ment » ➡ **p. 61**

17 LES ADVERBES DE MANIÈRE

- Ce sont les adverbes les plus nombreux. Ils répondent à la question « comment ? ». Parmi ces adverbes, il y a la plupart **des adverbes en « -ment »** et quelques **adverbes courts**.

La formation des adverbes en « -ment »

- **Adverbes en « -ment »** : ils se construisent à partir de l'adjectif au féminin, sauf si le masculin se termine par une voyelle.

- **Adverbes en « -emment »** ou **« -amment »** : pour les adjectifs masculins se terminant par « -ent » ou « -ant », les terminaisons changent en « -emment » ou « -amment », qui ont la même prononciation.

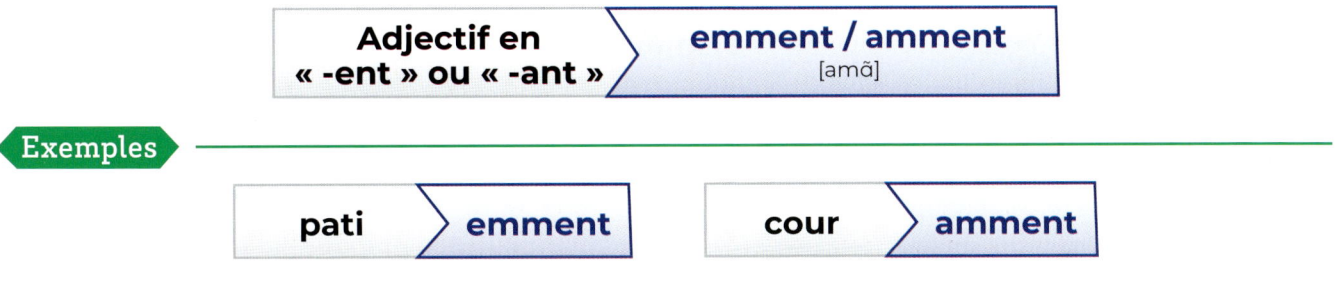

Il y a trois exceptions.

gent**ille** ➡ gent**iment**   gai ➡ gai**ement**   lent ➡ lent**ement**

Exemple

Je suis **généralement** prudente en voiture, je conduis **lentement** et je regarde **fréquemment** dans le rétroviseur.

Cas particuliers

• Dans certains cas, le féminin est modifié pour créer l'adverbe : soit « e » devient « é », soit toute la syllabe change.

précise ➤ précisément   intense ➤ intensément   brève ➤ brièvement
énorme ➤ énormément   profonde ➤ pronfondément

Les adverbes courts

• Les adverbes courts, les plus fréquents, se placent devant le participe passé aux temps composés et devant l'infinitif au futur proche.
– **bien/mal**
– **mieux/pire**
– **ainsi**
– **aussi**
– **soudain**
– **vite**
– **exprès**
– **par hasard**

Exemples

J'ai **bien** aimé le film, mais j'ai **mal** compris la fin.

La température va **vite** chuter cette semaine.

PARTIE 5
LES PRONOMS

18 LES PRONOMS PERSONNELS SUJETS

Les pronoms personnels sujets

- Le pronom personnel sujet est toujours **lié au verbe**. Il est **obligatoire** et ne peut pas s'utiliser sans verbe conjugué.

		Singulier	Pluriel
1re personne		Je	Nous
2e personne		Tu	Vous
3e personne	masculin	Il	Ils
	féminin	Elle	Elles
	neutre	On	

Exemples

J'étais à la maison, **tu** es rentré vers 17 heures et **nous** sommes allés au cinéma ensemble.
Elle félicite les élèves : « **Vous** avez bien travaillé. » **Ils** ont de bonnes notes.

- Les pronoms personnels sujets « il », « elle », « ils » et « elles » servent à remplacer des personnes ou des choses.

Exemples

Mon frère est plus grand que moi, **il** mesure 1,83 m.
    personne
Mon téléphone est tout neuf, **il** est très beau.
    objet

« Ils » peut remplacer **un groupe mixte** (féminin et masculin).

Exemple

Jennifer, **Estelle** et **Valentin** habitent à Marseille. **Ils** sont **tous cousins**.

« Tu » ou « vous » ?

- On utilise **« vous »** (vouvoiement) quand on parle à une personne **dans une situation formelle (politesse)**.

Exemple

« À quelle heure avez-**vous** rendez-vous, madame Lau ? »

LES PRONOMS PERSONNELS SUJETS

- On utilise **« tu »** (tutoiement) quand on parle à des amis et à sa famille, **dans une situation informelle**.

Exemple

« À quelle heure **tu** as rendez-vous ce matin, chérie ? »

Les pronoms personnels toniques

- Le pronom personnel tonique est utilisé **pour les personnes**. Il est **autonome** par rapport au verbe, il peut s'employer seul.

		Singulier	Pluriel
1re personne		Moi	Nous
2e personne		Toi	Vous
3e personne	masculin	Lui	Eux
	féminin	Elle	Elles
	indéfini	Soi (« tout le monde », « chacun »)	

- On utilise le pronom tonique :
– après une **préposition**.
– après **« c'est / ce sont »**.
– **pour mettre en relief le sujet**.

Exemples

– Qui veut un bonbon ? – **Moi** !
On est bien chez <u>soi</u>.
Elle habite <u>chez</u> **moi**.
<u>Entre</u> **eux**, rien de va plus !
Je suis triste à cause <u>de</u> **lui**.
<u>C'est</u> **toi** qui es arrivé le premier.
<u>Ce sont</u> **eux** qui sont arrivés les derniers.
Elle, elle aime le sport et **moi**, je préfère lire.

pronom tonique   pronom sujet

19 LES VALEURS DU PRONOM « ON »

« On » est à la fois pronom indéfini et pronom personnel, **il est toujours sujet**.

« On » = « les gens », « quelqu'un »

- Il remplace **« les gens »**, **« tout le monde »**, **« l'être humain en général »**. Il remplace également **« quelqu'un »**.

Exemples

On est bien peu de chose. (l'homme en général)
Je crois qu'**on** lui a déjà posé la question. (quelqu'un)

- **L'accord est au masculin singulier** et on emploie les adjectifs possessifs « son », « sa », « ses ».

Exemples

On n'est jamais **sûr** de rien.
On ne voit jamais **ses** propres défauts.

« On » = « nous »

- Il remplace **« nous »** dans le langage courant et on emploie les adjectifs possessifs « notre », « nos ».

Exemples

Ce soir, **on** va au cinéma.
On a passé **notre** après-midi à faire du vélo.

- Quand « on » remplace « nous », **l'accord du participe passé est au masculin ou féminin pluriel**.

Exemple

On s'est **rencontrés** l'année dernière.

LES VALEURS DU PRONOM « ON »

Attention aux accords !

• Quand « on » remplace « nous », le verbe est au **singulier** et l'adjectif au **pluriel**.

Exemple

Sam et moi, <u>on</u> est très sportifs.

Emploi de « l'on »

• L'emploi de **« l' » devant « on » est facultatif**. On peut l'utiliser pour deux raisons :
- pour **éviter un hiatus** ou le son [kɔ̃]. (et sa répétition)
- pour marquer **une recherche de style**. (littéraire ou archaïque)

Exemples

C'est un retour aux sources, <u>si</u> **l'on** veut. (évite un hiatus)
Il faut assumer ce <u>que</u> **l'on** dit. (évite « qu'on » [kɔ̃])
Ce <u>que</u> **l'on** conçoit bien s'énonce clairement. (évite la répétition du son [kɔ̃])
L'on est bien peu de chose. (littéraire)

20 LES PRONOMS PERSONNELS COMPLÉMENTS

Les pronoms personnels compléments d'objet direct

- Les pronoms personnels compléments évitent de répéter un nom complément.
- Les pronoms personnels compléments d'objet direct (COD) remplacent des noms de **personnes**, **choses** ou de **notions**. Ils répondent à la question « **qui ?** » ou « **quoi ?** ».

		Singulier	Pluriel
1re personne		me/m'	nous
2e personne		te/t'	vous
3e personne	masculin	le/l'	les
	féminin	la/l'	

Exemples

Julie appelle <u>Pierre</u>. ➡ Elle **l'**appelle.
          personne
Julie termine <u>son dessin</u>. ➡ Elle **le** termine.
             chose

Devant un verbe commençant par une voyelle ou un « h » muet, « me », « te », « le » et « la » deviennent « m' », « t' », « l' ».

Exemples

Elle **m'**appellera ce soir.
Je **l'**héberge depuis une semaine.

Place du pronom personnel COD

- On le place **devant le verbe** aux temps simples et à l'infinitif.
- Aux temps composés, il est **devant l'auxiliaire**.
- Au futur proche, il est **entre le verbe « aller » et l'infinitif**.
- À l'impératif, il est **après le verbe**. Aux 1re et 2e personnes, on emploie la forme tonique.

Exemples

Nous **vous** écoutons.
Je dois **te** prévenir.
Elle **l'**a appelé.

Il va **nous** appeler.
Appelez-**les** !
Excuse-**moi** !

LES PRONOMS PERSONNELS COMPLÉMENTS

- À la forme négative, il est **après « ne »**.

> Exemples

Elle <u>ne</u> **m'**a pas appelé.
<u>Ne</u> **l'**appelle pas maintenant.

Construction avec « aimer, « détester » et « adorer »

- Avec les verbes « aimer », « détester » et « adorer », « le », « la », « les » **renvoient de préférence à des personnes**. Pour les objets et les notions, on utilise plutôt **« ça »**.

> Exemples

– Tu aimes <u>Enora</u> ? – Oui, je **l'aime**.
          personne
– Tu aimes <u>le ski</u> ? – Non, je **déteste ça**.
          chose

Les pronoms personnels compléments d'objet indirect

- Les pronoms personnels compléments d'objet indirect (COI) remplacent des **noms de personnes précédés de la préposition « à »**. Ils répondent à la question **« à qui ? »**.

	Singulier	Pluriel
1re personne	me/m'	nous
2e personne	te/t'	vous
3e personne	lui	leur

> Exemples

Pierre **nous** rend visite. (rendre visite <u>à</u> quelqu'un)
Tes enfants **t'**obéissent toujours ! (obéir <u>à</u> quelqu'un)

Les pronoms « lui » et « leur » sont employés à la fois **pour le masculin et le féminin**.

> Exemples

Julie téléphone <u>à Émilie</u>. ➡ Elle **lui** téléphone.
Julie téléphone <u>à ses amies</u>. ➡ Elle **leur** téléphone.

- Ils s'utilisent surtout avec **les verbes de communication** (« parler », « dire »...) et d'autres verbes courants se construisant avec la préposition **« à »** :

Verbes de communication	Autres verbes courants
dire à	obéir à
écrire à	sourire à
parler à	pardonner (qqch) à
répondre à	donner qqch à
téléphoner à	emprunter qqch à
demander qqch à	prêter qqch à
souhaiter qqch à	rendre qqch à

Exceptions :
« **Penser à** » et « **s'intéresser à** » sont suivis d'un **pronom tonique**.

Exemples

Elle <u>pense à</u> ses amis. ➤ Elle pense **à eux**.
Il <u>s'intéresse à</u> Julie. ➤ Il s'intéresse **à elle**.

Place du pronom personnel COI

- Aux temps simples et composés ainsi qu'à l'infinitif, il est devant le verbe.
- Au futur proche, il est **entre le verbe « aller » et l'infinitif**.
- À l'impératif, il est **après le verbe**.
- À la forme négative, il est **après « ne »**.

Exemples

Elles **te** parlent.
Tu devrais **lui** parler.
Elle **lui** a répondu.
Il va **nous** répondre.
Répondez-**leur** !
Je ne **lui** réponds pas.
Elle ne **m'**a pas répondu.

LES PRONOMS PERSONNELS COMPLÉMENTS

La place des doubles pronoms

- Quand on utilise deux pronoms compléments, on les place **dans un ordre spécifique**.

Cas général

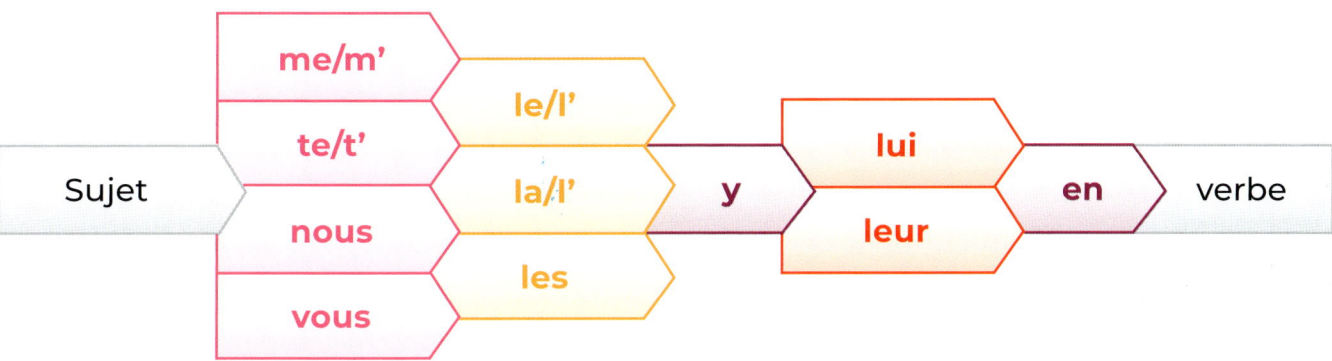

Exemples

Je laisse mes enfants chez la nourrice. ➡ Je **les y** laisse l'après-midi.
Elle ne donne pas de travail à la stagiaire. ➡ Elle ne **lui en** donne pas.

- Les compléments de **1re et 2e personnes précèdent** les compléments de **3e personne**.

Exemples

Hugo me prête sa voiture. ➡ Hugo **me la** prête.
Je vous ai donné les documents hier. ➡ Je **vous les** ai donnés hier.

- « **Le, la, les** » précèdent « **lui, leur** ».

Exemples

Tu as offert ce livre à Jeanne ? ➡ Tu **le lui** as offert ?
Vous rendez leurs clés à vos voisins. ➡ Vous **les leur** rendez.

 Les pronoms « y » et « en » ne s'utilisent jamais ensemble, sauf dans « **il y en a** ».

Exemples

– Combien y a-t-il de bougies sur le gâteau ?
– **Il y en a** dix.

– Il reste combien de cookies ?
– **Il n'y en a** plus.

À l'impératif

- À l'impératif, dans une **phrase négative**, l'ordre est le même que dans le cas général.

Exemples

Ne m'emprunte pas ces revues. ➡ Ne **me les** emprunte pas.
Ne confiez pas vos secrets à Laurent. ➡ Ne **les lui** confiez pas.

- Mais dans une **phrase affirmative**, le **pronom COI** se place toujours **après le pronom COD**, avec un trait d'union.

Exemples

Donnez votre recette à Pauline. ➡ Donnez-**la**-**lui**.
Prête-moi ton écharpe. ➡ Prête-**la**-**moi**.
Excusez-nous de notre retard. ➡ Excusez-**nous**-**en**.

- Avec les pronoms COD **« moi »**, **« toi »**, **« nous »** et **« vous »**, on doit **employer la préposition** devant le pronom COI.

Exemples

Confie-toi à ton frère. ➡ Confie-**toi** <u>à</u> **lui**.
Fiez-**vous** <u>à</u> **moi**.

Avec le pronom COI « en », on peut employer les pronoms COD « nous » et « vous ». « Moi », « toi » et « le » deviennent « m' », « t' » et « l' » (sans trait d'union).

Exemples

Servez-vous du four. ➡ Servez-**vous**-**en**.
Remercie-moi de ma gentillesse ! ➡ Remercie-**m'en** !

Les pronoms « en » et « y » ➡ **p. 76**

LES PRONOMS POSSESSIFS

• Le pronom possessif remplace un nom précédé de l'adjectif possessif pour éviter la répétition.
Il varie en genre, en nombre et en personne.

Possesseur	Objet possédé			
	Masculin singulier	Féminin singulier	Masculin pluriel	Féminin pluriel
Je	le mien	la mienne	les miens	les miennes
Tu	le tien	la tienne	les tiens	les tiennes
Il/Elle	le sien	la sienne	les siens	les siennes
Nous	le nôtre	la nôtre	les nôtres	
Vous	le vôtre	la vôtre	les vôtres	
Ils/Elles	le leur	la leur	les leurs	

Exemples

Je vais rendre ton livre avec **les miens** à la bibliothèque. (= mes livres)
Voici ta chambre et voici **la nôtre**. (= notre chambre)

Il faut bien faire **la différence entre les adjectifs possessifs « notre » et « votre »** (sans accent circonflexe sur le « o ») **et les pronoms possessifs « le nôtre » et « le vôtre »**, qui sont précédés de l'article défini (« le », « la », « les »), se prononcent différemment et portent un accent circonflexe.

Exemple

– Qu'il est mignon ! C'est **votre** chien ?
　　　　　　　　　　　　　[vɔtr]

– Oui, c'est **le nôtre**.
　　　　　　[notr]

22 LES PRONOMS DÉMONSTRATIFS

• Le pronom démonstratif permet d'éviter la répétition et s'utilise **avec « -ci » et « -là »** ou est suivi d'un complément.

	Masculin	Féminin	Neutre
Singulier	celui	celle	ceci cela / ça
Pluriel	ceux	celles	

Les formes simples

• Les formes simples « celui », « ceux, « celle », « celles » sont le plus souvent **suivies de « de »** et expriment **la possession ou donnent une indication de lieu, de temps**…

Exemples

Je cherche un nouveau sac comme **celui de** Claire.
= comme le sac de Claire

– Tu aimes ce sac, à droite dans la vitrine ?
– Non, je préfère **celui de** gauche.
= le sac de gauche

• Elles peuvent être aussi **suivies d'un pronom relatif : « qui », « que » ou « dont »**.

Exemple

Je préfère **celui qui** est en cuir.
= le sac qui

Les formes composées

• L'utilisation de deux formes composées, l'une avec « -ci », l'autre avec « -là », permet de marquer **une opposition** ou de distinguer **quelque chose de proche** (« celui-ci ») **de quelque chose d'éloigné** (« celui-là »).

• Dans le langage courant, quand une forme composée (« celui-ci », « celui-là », « ceux-ci », « ceux-là », « celle-ci », « celle-là », « celles-ci », « celles-là ») est **employée seule, « -ci »** a la même valeur que **« -là »**.

LES PRONOMS DÉMONSTRATIFS

> **Exemples**

– Est-ce que tu préfères **celui-ci** ou **celui-là** ?
– Je préfère **celui-ci**.

Celles-ci sont à Barbara ! = **Celles-là** sont à Barbara !

Les formes neutres

- Les formes **neutres** servent à désigner ou à reprendre. Elles preuvent remplacer **une proposition**.

- Les pronoms **« ceci »** et **« cela »** sont utilisés en langue soutenue. Dans le langage courant, on utilise le pronom **« ça »**.

> **Exemples**

Cela me plaît beaucoup ! (désignation)
Ceci est très intéressant. (désignation)

Il est venu sans être invité. **Cela** ne se fait pas !
(reprise de la phrase entière)

Le ski, j'aime **ça** ! (reprise de « le ski »)

- Le pronom **« ce »** suivi de **« qui »**, **« que »** ou **« dont »** introduit une proposition relative neutre.

> **Exemple**

J'adore **ce que** tu as acheté.

- La construction **« ce »** suivi d'**« être »** sert à identifier, à présenter une chose ou une personne ou à mettre à relief.

| **C'est** > nom singulier | **Ce sont** > nom pluriel |

> **Exemples**

C'est une amie de longue date.

Ce sont des coquillages.

La mise en relief ➡ p. 89

23 LES PRONOMS « EN » ET « Y »

Le pronom « en »

- Le pronom « en » peut remplacer **un nom précédé de l'article indéfini « un », « une », « des ».**

Exemple

– Tu portes toujours <u>des lunettes</u> ?
– Non, j'**en** porte seulement pour lire.

- Le pronom « en » peut remplacer **un nom précédé de l'article partitif « du », « de la », « de l' », « des ».**

Exemple

– Vous voulez **du café** ? – Oui, merci, j'**en** veux bien.

- Le pronom « en » peut remplacer **un nom précédé d'un terme de quantité**. Dans ce cas, à la forme affirmative, « en » est toujours accompagné d'un terme de quantité, mais il est employé seul à la forme négative. Le terme de quantité peut être :
- un nombre : un, deux, trois, vingt, mille…
- un adverbe de quantité : beaucoup de, trop de, assez de…
- un pronom indéfini : quelques-un(e)s, plusieurs, certain(e)s, aucun(e)… ne…
- un nom de quantité : un kilo de, un litre de, un paquet de, une bouteille de, une boîte de…

Exemples

– As-tu <u>des frères et sœurs</u> ? – Oui, j'**en** ai **trois**. / Non, je n'**en** ai <u>pas</u>.
                                                           nombre   négation
– Est-ce qu'il y a **beaucoup d'**invités ? – Oui, il y **en** a **énormément** !
                                                            adverbe
– Vous avez des amis à La Réunion ? – Oui, nous **en** avons **quelques-uns**.
                                                                                     pronom indéfini
– As-tu acheté de la confiture ? – Oui, j'**en** ai acheté **un** <u>pot</u>.
                                                                         nom de quantité
– Et un <u>paquet de lessive</u> ? – Non, je n'**en** ai <u>pas</u> trouvé.
                                                 négation

LES PRONOMS « EN » ET « Y »

- Le pronom « en » peut remplacer **un nom de chose ou un infinitif précédé de la préposition « de »**. Il s'utilise avec les verbes « avoir besoin de quelque chose », « s'occuper de quelque chose », « parler de quelque chose », « rêver de quelque chose », « avoir envie de quelque chose », « être content de quelque chose », « être fier de quelque chose », etc.

Exemples

– Tu as besoin **de repos** ? – Oui, j'**en** ai besoin.

– Qui s'occupe **des courses** ? – Je m'**en** occupe.

– Tu rêves **de partir** en vacances ? – Oh oui, j'**en** rêve !

Pour les noms de personne, on utilise **le pronom tonique**.

Exemple

– Tu parles <u>de ton mari</u> ? – Oui, je parle **de lui**.

- Le pronom « en » peut remplacer **un complément de lieu indiquant l'origine, la provenance**. Il s'utilise avec les verbes « sortir de », « venir de », etc.

Exemples

– Elle sort quand <u>de l'hôpital</u> ? – Elle va bientôt **en** sortir.

– Tu prévois d'aller <u>au supermarché</u> cet après-midi ? – Non, j'**en** viens.

(= je viens **du** supermarché)

Expressions courantes avec « en »

- S'en aller (= commencer à partir).
- Ne plus en pouvoir (= être à bout de forces).
- En vouloir à quelqu'un (= avoir de la rancune contre quelqu'un).
- Ne pas s'en faire (= ne pas s'inquiéter).
- En avoir assez, en avoir marre (= ne plus supporter) (langage familier).
- S'en ficher (= être indifférent) (langage familier).

Je m'en vais. Au revoir !

Je n'en peux plus... Je suis épuisée.

Je suis très en colère contre toi, **je t'en veux** de lui avoir dit notre secret.

Ça va aller, **ne vous en faites pas**.

J'en ai assez ! J'en ai marre ! Ça suffit maintenant !

Ce que tu penses ? **Je m'en fiche** !

Le pronom « y »

- Le pronom « y » peut remplacer **un nom de chose ou un infinitif précédé de la préposition « à »**.

> **Exemples**

– Tu penses encore **à** ton film ? – Non, je n'**y** pense plus.

– Vous vous attendiez **à** perdre ce procès ? – Oui, je m'**y** attendais.

– Tu t'intéresses **à** l'équitation ? – Oui, je m'**y** intéresse.

Pour les noms de personne, on utilise **le pronom tonique**.
Exemple
– Tu penses à <u>ta femme</u> ? – Oui, je pense à <u>elle</u>.
   personne

- Le pronom « y » peut remplacer **un complément de lieu indiquant la situation, la destination**. Il s'utilise avec les verbes « aller », « être », « habiter », etc.

– Tu vas souvent **au** cinéma ? – J'**y** vais une fois par semaine.

– Adam habite **chez** toi ? – Non, il n'**y** habite plus.

– Vous êtes arrivés **à** l'hôtel ? – Oui, nous **y** sommes !

> **Expressions courantes avec « y »**

- Ça y est (= c'est fait).

- Vas-y, allons-y, allez-y (pour commencer quelque chose).

- S'y faire (= s'habituer à).

- S'y prendre bien ou mal (= savoir ou non comment faire).

- S'y connaître en + nom (= être expert en + nom).

Ça y est, je suis prête !

Allez, **vas-y**, choisis ton plat !
[vazi]

Le changement est difficile, mais tu t'**y feras** vite.

C'est une bonne avocate, elle sait **bien s'y prendre** avec les clients.

Ce critique **s'y connaît en** art aborigène.

LES PRONOMS « EN » ET « Y »

La place des pronoms « en » et « y » à la forme négative

- **La négation encadre** le bloc formé par le pronom « en » ou « y » et le verbe ou l'auxiliaire.

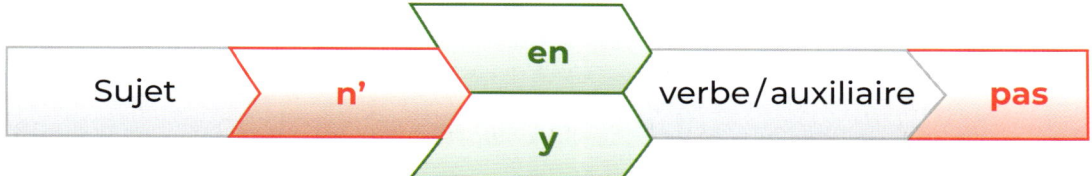

Exemples

Je n'**en ai** pas.
Elle n'**en a** pas acheté.

Je n'**y vais** pas.
Elle n'**y est** pas allée.

Au futur proche, la négation se place **devant le bloc formé par « en » ou « y » et le verbe à l'infinitif**.

Exemples

Il ne va pas **en acheter**.   Il ne va pas **y aller**.

À l'oral, **on ne prononce pas toujours le « ne » de la négation**.

Exemples

– Tu as un chewing-gum ? – Non, **j'en ai pas**.
   [n]

– Tu vas à la fête de Jules ? – Non, **j'y vais pas**. On s'est fâchés.

79

24 LES PRONOMS INDÉFINIS

• Les pronoms indéfinis sont **identiques à l'adjectif indéfini**, sauf « quelques-un(e)s » et « chacun(e) ». Ils s'emploient seuls et expriment **la quantité ou la qualité**.

Les pronoms indéfinis de quantité

• Ils **s'accordent en genre** avec le nom qu'ils remplacent.

Quantité nulle	aucun(e) (… ne)
	quelques-un(e)s
	plusieurs
	certain(e)s
	chacun(e)
Totalité	tout(e), tou(te)s

Exemples

J'ai pris des photos. **Certaines** sont très réussies, **quelques-unes** sont ratées.
J'ai visité des studios. **Plusieurs** étaient trop chers et **aucun** ne m'a plu.

• « **Aucun(e)** » est toujours au **singulier**, mais « **plusieurs** », « **quelques-un(e)s** » et « **certain(e)s** » sont **toujours au pluriel**. Ils sont utilisés comme reprise d'un indéfini avec le pronom « en ».

Exemples

– As-tu visité ces beaux studios ? – Je n'en ai vu **aucun** !
(= Je n'ai vu aucun studio.)

– As-tu pris des photos ?
– J'en ai pris **quelques-unes**. Je vais en regarder **certaines**.
(= J'ai pris quelques photos, je vais garder certaines photos.)

• « **Chacun(e)** » désigne **un par un** les éléments d'un tout. Il est **toujours au singulier**.

Exemple

J'ai invité des amis. **Chacun** m'a offert un cadeau.

LES PRONOMS INDÉFINIS

La totalité : « tout(e) », « tous », « toutes »

- « Tous » et « toutes » renvoient à des personnes ou à des choses. Ils s'accordent **en genre** et **en nombre**. Ils peuvent s'employer seuls comme sujets. Sinon, ils reprennent le complément et se placent le plus souvent **après le verbe** ou **l'auxiliaire** (aux temps composés).

Exemples

<u>Mes amis</u> sont **tous** venus. **Tous** étaient contents et j'étais ravi de <u>les</u> voir **tous**.
  sujet   reprend   sujet   COD   reprend
             « mes amis »   « les »

<u>Tes sœurs</u> sont **toutes** mariées.

- Le pronom singulier « tout » a **une valeur neutre** et **renvoie à des choses**.

Exemple

Tout va bien !

> Le **« s » final** du pronom indéfini « tous » se prononce, mais pas le « s » de l'adjectif.
>
> Exemples
>
> **Tous** mes amis viennent.   Mes amis viennent **tous**.
> [tou] adjectif   [tous] pronom

Les pronoms indéfinis de qualité

- Les pronoms indéfinis s'accordent **en genre et en nombre**, sauf **« quelqu'un »**, **« quelque chose »** et **« quelque part »**, qui sont **invariables**.

L'identité ou la différence

- Les pronoms indéfinis **« le même »**, **« la même »**, **« les mêmes »** expriment **l'identité** et renvoient à des personnes ou à des choses.

Exemple

– Je me suis acheté <u>une nouvelle robe</u>.
– Oh c'est drôle, j'ai **la même** !

- Les pronoms indéfinis **« l'autre »**, **« les autres »**, **« un(e) autre »**, **« d'autres »** expriment **la différence**.

> Exemple

J'ai retrouvé une chaussette mais pas **l'autre**.

- **« Un(e) autre »**, **« d'autres »** sont utilisés **comme pronoms de reprise avec le pronom « en »**.

> Exemple

– As-tu visité cette maison ?
– Non, j'en ai vu **une autre** aujourd'hui. (= J'ai vu une autre maison.)

- **« L'un(e) »**, **« l'autre »** et **« les un(e)s »**, **« les autres »** marquent **un parallélisme ou une opposition**.

> Exemple

J'ai deux frères. **L'un** est blond et **l'autre** est brun.

« Quelqu'un », « quelque chose », « quelque part » et leurs contraires

- Les pronoms indéfinis « quelqu'un », « quelque chose » et « quelque part » désignent **une personne, une chose et un lieu non identifiés**.

– Qui ?	**Quelqu'un** (une personne, on ne sait pas qui)	≠	**Personne**
– Quoi ?	**Quelque chose** (une chose, on ne sait pas quoi)	≠	**Rien**
– Où ?	**Quelque part** (un lieu, on ne sait pas où)	≠	**Nulle part**

> Exemple

J'ai oublié mon sac **quelque part**.

« Personne », **« rien »** et **« nulle part »** s'emploient **sans « pas »**.

> Exemple

Personne n'est venu hier.

LES PRONOMS INDÉFINIS

• On peut préciser « quelqu'un », « quelque chose », « personne » et « rien » avec **un adjectif**. Dans ce cas, **on ajoute « de ».**

> Exemples

C'est **quelqu'un de courageux et d'honnête**.
Il n'y a **rien de nouveau** à cela.

L'indétermination : « n'importe lequel », « n'importe qui/quoi »

• « N'importe lequel », « n'importe laquelle », « n'importe lesquels », « n'importe lesquelles » expriment l'**interdétermination** : le choix n'a pas d'importance.

> Exemple

– Quel dessert tu préfères ?
– **N'importe lequel**. (sens neutre = ce n'est pas important de faire un choix)

• « **N'importe lequel** » et « **n'importe laquelle** » renvoient à une personne ou à une chose indéfinie, « **n'importe lesquels** » et « **n'importe lesquelles** » à des personnes ou à des choses indéfinies.

> Exemples

– Tu préfères quel parfum de glace ?
– **N'importe lequel**.

Achète des fleurs, **n'importe lesquelles**, pourvu qu'elles soient belles !

• « **N'importe qui** » désigne une personne indéfinie, « **n'importe quoi** » une chose indéfinie. Ils ont souvent un **sens péjoratif**.

Je ne parle pas à **n'importe qui**. (sens péjoratif = je fais attention car certaines personnes sont infréquentables)
Tu dis **n'importe quoi** ! (sens péjoratif = des bêtises)

83

25 LES PRONOMS RELATIFS SIMPLES

• Le pronom relatif remplace un nom, un autre pronom ou toute une proposition. Il sert à relier deux propositions : la proposition principale et **la proposition subordonnée relative**.

« Qui »

• Le pronom relatif **« qui »** remplace **le sujet** (personne ou chose) du verbe de la 2e proposition.

Exemples

J'ai invité mon ami. Mon ami habite près de chez moi.
(= personne)
➤ J'ai invité mon ami, **qui** habite près de chez moi.
　　　　　　　　　　　　　sujet

Je loge dans un appartement. L'appartement donne sur un parc magnifique.
(= chose)
➤ Je loge dans un appartement **qui** donne sur un parc magnifique.
　　　　　　　　　　　　　　　　sujet

« Que »

• Le pronom relatif **« que »** remplace **le complément** d'objet direct (personne ou chose) du verbe de la 2e proposition.

Exemples

J'ai invité mon ami. J'ai rencontré mon ami au lycée.
➤ J'ai invité mon ami, **que** j'ai rencontré au lycée.
　　　　　　　　　　complément d'objet

Je loge dans un appartement. Je trouve l'appartement splendide.
➤ Je loge dans un appartement **que** je trouve splendide.
　　　　　　　　　　　　　　complément d'objet

Le pronom relatif « que » **s'élide devant une voyelle**.
Exemple
Il a invité son ami, **qu'**il a rencontré au lycée.

LES PRONOMS RELATIFS SIMPLES

« Où »

- Le pronom relatif **« où »** remplace **le complément de lieu ou de temps** du verbe de la 2e proposition.

Exemples

J'ai rencontré Julie à l'université. J'étudie le français <u>à l'université</u>.
▶ J'ai rencontré Julie à l'université **où** j'étudie.
                            complément de lieu

Un jour, j'ai rencontré Julie. <u>Ce jour-là</u>, j'ai soutenu ma thèse.
▶ J'ai rencontré Julie le jour **où** j'ai soutenu ma thèse.
                   complément de temps

« Dont »

- Le pronom relatif **« dont »** remplace **le complément d'objet d'un verbe construit avec « de »**. Il s'utilise avec les verbes comme « rêver de », « parler de », « se souvenir de », « avoir besoin/envie/peur de », « faire partie de », « s'occuper de », « manquer de », « se séparer de », « se servir de », « se méfier de », « se charger de ».

Exemples

Tu as perdu le livre. Tu as besoin <u>du livre</u>.
▶ Tu as perdu le livre **dont** tu as besoin.
                avoir besoin de

Je parle <u>de cette femme</u>. Cette femme reste un mystère pour moi.
▶ La femme **dont** je parle reste un mystère pour moi.
         parler de

Je me souviens <u>d'une seule chose</u>. Ce sont ses yeux.
▶ La seule chose **dont** je me souviens, ce sont ses yeux.
             se souvenir de

- « Dont » peut être **le complément d'un adjectif construit avec « de »**. Il s'utilise avec les adjectifs comme « content de », « heureux/malheureux de », « satisfait de », « enchanté de », « amoureux de », « fier de », « proche de », « responsable de », « sûr de ».

> Exemples

C'est un salarié **dont** nous sommes fiers ! (= fiers du salarié)

C'est une information **dont** je ne suis pas sûre. (= sûre de l'information)

- « Dont » peut être **le complément d'un nom construit avec « de »**.

> Exemples

Voici le journal **dont** je suis le directeur. (= je suis le directeur de du journal)

Voilà la maison **dont** je suis l'heureux propriétaire. (= je suis le propriétaire de la maison)

On ne peut pas utiliser l'adjectif possessif après « dont ».

Exemple

J'ai un ami. <u>Sa</u> femme est professeure.
➡ J'ai un ami **dont la** femme est professeure.
　　　　　　　　　article
　　　　　　　　　défini

26 LES PRONOMS RELATIFS COMPOSÉS

« Lequel »

- Les pronoms relatifs composés sont formés de l'article **« le »**, **« la »**, **« les »** + **« quel(le)s »**. Ils varient en fonction du nom qu'ils reprennent.

	Masculin	Féminin
Singulier	lequel	laquelle
Pluriel	lesquels	lesquelles

Exemple

La région dans **laquelle** je vis est très agréable.
　　　　　　　　　féminin

 Les pronoms « lesquels » et « lesquelles » ont la même prononciation : [lekɛl].

- Ces pronoms relatifs composés s'utilisent en général **après une préposition : « sur », « dans », « pour », « avec », « chez »**, etc.

Exemples

– Tu dors bien dans ce lit ?
– Oui, le matelas **sur lequel** je dors est très confortable.

Le travail **pour lequel** j'ai été choisi est passionnant.

 **Pour une personne**, on utilise de préférence **« pour qui »**, **« avec qui »**, etc.
Exemple
La vendeuse **avec qui** j'ai parlé était très aimable.

« Auquel », « duquel »

- Les pronoms relatifs composés « auquel » et « duquel » se forment avec **« lequel »** précédé d'une préposition **« à » ou « de »**. Ils varient en fonction du nom qu'ils reprennent. Certaines formes sont contractées.
- **« Auquel » et « auxquel(le)s »** sont des formes contractées : à + lequel et à + lesquel(le)s.

	Masculin	Féminin
Singulier	auquel	à laquelle
Pluriel	auxquels	auxquelles

Exemple

C'est un événement **auquel** les journalistes étaient conviés.

Les pronoms « auquel » et « auxquel(le)s » ont la même prononciation : [okɛl].

- **« Duquel » et « desquel(le)s »** sont des formes contractées : de + lequel et de + lesquel(le)s. Ils sont **associés à une préposition** (« près de », « à côté de », « au sujet de », « en face de », « à cause de »…).

	Masculin	Féminin
Singulier	duquel	de laquelle
Pluriel	desquels	desquelles

Exemple

C'est un événement **au sujet duquel** la presse a beaucoup écrit.

Les pronoms « desquels » et « desquelles » ont la même prononciation : [dekɛl].

27 « CE QUI », « CE QUE », « CE DONT »

- « Ce qui », « ce que », « ce dont » signifient respectivement **« la chose qui »**, **« la chose que »**, **« la chose dont »**.

Exemples

Je sais **ce qui** t'amuse.
　　　　sujet

J'imagine **ce que** je ferai plus tard : je serai architecte.
　　　　　　COD

C'est exactement **ce dont** j'ai besoin. (= j'ai besoin de cela)
　　　　　　　　　　COI

La mise en relief

- Les constructions **« ce qui… c'est… »**, **« ce que… c'est… »**, **« ce dont… c'est… »** mettent en relief l'élément après « c'est ». Ils signifient respectivement **« la chose qui… c'est »**, **« la chose que… c'est »**, **« la chose dont… c'est »**. On peut aussi employer **« c'est ce qui / ce que / ce dont… »**.

Exemples

Ce qui est beau dans la vie, **c'est** l'altruisme. (= L'altruisme est beau.)
　　　　　　　　　　　　　　　　　　sujet

L'altruisme **c'est ce qui** est beau dans la vie.

Ce que je voudrais te dire, **c'est** que tu dois persévérer. (= Je voudrais te dire : tu dois persévérer.)
　　　　　　　　　　　　　　　　　　COD

Ce dont j'ai toujours rêvé, **c'est** de devenir pilote. (= J'ai toujours rêvé de devenir pilote.)
　　　　　　　　　　　　　　　　　COI

- Les constructions **« c'est… qui »**, **« c'est… que »** sont une autre façon de mettre en relief. Elles mettent **l'accent sur un élément à l'exclusion d'un autre**.

Exemples

C'est moi qui suis responsable. (* C'est moi qui e̶s̶t̶)
　　　　　　accord avec le sujet

Ce sont vos parents que je veux voir demain dans mon bureau. (Ce n'est pas vous.)
　　　　　　= je veux voir vos parents
　　　　　　(COD)

PARTIE 6
LES VERBES, LES TEMPS ET LES MODES

28 · LA CONJUGAISON AU PRÉSENT DE L'INDICATIF
Les verbes du 1er groupe au présent de l'indicatif

La conjugaison des verbes du premier groupe est **très régulière. Elle se forme à partir d'un seul radical, l'infinitif sans « -er »**, auquel on ajoute la terminaison du présent de l'indicatif. Les verbes en « -er » sont très nombreux en français.

Cas général

Parler	Aimer
Je parl **e**	J' aim **e**
Tu parl **es**	Tu aim **es**
Il/Elle/On parl **e**	Il/Elle/On aim **e**
Nous parl **ons**	Nous aim **ons**
Vous parl **ez**	Vous aim **ez**
Ils/Elles parl **ent**	Ils/Elles aim **ent**

Les terminaisons du présent « -e », « -es », et « -ent » ont la même prononciation : [ə] (e muet).

Cas particuliers

• Verbes en **« -cer »** : **« c »** ⟫ **« ç » devant « -o »**.

Exemples

Avan<u>cer</u> : nous avan**ç**ons.
Effa<u>cer</u> : nous effa**ç**ons.
Commen<u>cer</u> : nous commen**ç**ons.
Pla<u>cer</u> : nous pla**ç**ons.

• Verbes en **« -ger »** : **« g »** ⟫ **« ge » devant « -o »**.

Exemples

Aména<u>ger</u> : nous aména**ge**ons.
Bou<u>ger</u> : nous bou**ge**ons.
Ran<u>ger</u> : nous ran**ge**ons.
Déména<u>ger</u> : nous déména**ge**ons.
Na<u>ger</u> : nous na**ge**ons.
Déran<u>ger</u> : nous déran**ge**ons.

LA CONJUGAISON AU PRÉSENT DE L'INDICATIF

- Verbes en **« -oyer »** et en **« -uyer » : « y » ⟫ « i » devant « e » muet** (seulement avec « je », « tu », « il/elle/on » et « ils/elles »).

Exemples

-oyer
Empl<u>oyer</u> : j'empl<u>oi</u>e.
Nett<u>oyer</u> : tu nett<u>oi</u>es.
Tut<u>oyer</u> : il tut<u>oi</u>e.

-uyer
App<u>uyer</u> : on app<u>ui</u>e.
S'enn<u>uyer</u> : elles s'enn<u>ui</u>ent.
Ess<u>uyer</u> : ils ess<u>ui</u>ent.

- Verbes en **« -ayer »**, deux formes possibles :
  - **« y »** reste « y » à toutes les personnes.
  - **« i »** devant un « e »

Payer	
Je pa**i**e	Je pa**y**e
Tu pa**i**es	Tu pa**y**es
Il/Elle/On pa**i**e	Il/Elle/On pa**y**e
Nous pa**y**ons Vous pa**y**ez	
Ils/elles pa**i**ent	Ils/Elles pa**y**ent

Exemples

Bég<u>ayer</u> : je bég<u>ai</u>e/je bég<u>ay</u>e.
Effr<u>ayer</u> : tu effr<u>ai</u>es/tu effr<u>ay</u>es.

Ess<u>ayer</u> : on ess<u>ai</u>e/on ess<u>ay</u>e.
Rel<u>ayer</u> : elle rel<u>ai</u>e/elle rel<u>ay</u>e.

- Verbes en **« -eler »** et en **« -eter » : « l » / « t » ⟫ « ll » / « tt » devant « e » muet**.

Appeler	Jeter
J'appe**ll**e	Je je**tt**e
Tu appe**ll**es	Tu je**tt**es
Il/Elle/On appe**ll**e	Il/Elle/On je**tt**e
Nous appelons	Nous jetons
Vous appelez	Vous jetez
Ils/Elles appe**ll**ent	Ils/Elles je**tt**ent

> **Exemples**

-eler ⟫ **-elle**
Amonceler : j'amoncelle.
Étinceler : tu étincelles.
Renouveler : elle renouvelle.

-eter ⟫ **-ette**
Épousseter : il époussette.
Étiqueter : ils étiquettent.
Feuilleter : elles feuillettent.

- **Certains verbes ne suivent pas cette règle : « e » ou « é » devient « è » devant une syllabe contenant un « e » muet.** Cela concerne les finales muettes de « je », « tu », « il/elle/on » et « ils/elles ».
Acheter : j'achète, tu achètes, il/elle/on achète, ils/elles achètent
Modeler : je modèle, tu modèles, il/elle/on modèle, ils/elles modèlent

> **Exemples**

-eler ⟫ **-èle**
Geler : je gèle.

-eter ⟫ **-ète**
Haleter : elle halète.

- De même, dans le verbe **« préférer »**, **« é » devient « è »**.
Préférer : je préfère, tu préfères, il/elle/on préfère, ils/elles préfèrent

Les verbes en « -ir » au présent de l'indicatif

Verbes en « -ir » à un seul radical

- **Les verbes du 3ᵉ groupe comme « ouvrir », « découvrir », « offrir », « souffrir », « cueillir »** ont un seul radical et se conjuguent au présent de l'indicatif **comme les verbes du premier groupe**.

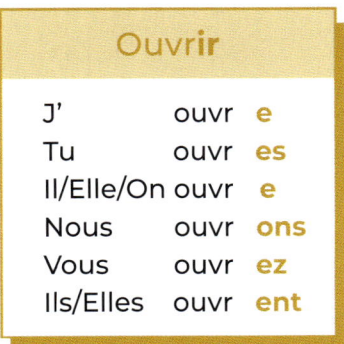

Ouvrir		
J'	ouvr	e
Tu	ouvr	es
Il/Elle/On	ouvr	e
Nous	ouvr	ons
Vous	ouvr	ez
Ils/Elles	ouvr	ent

LA CONJUGAISON AU PRÉSENT DE L'INDICATIF

Verbes en « -ir » à deux radicaux

• Verbes du 2ᵉ groupe de type **« finir »** : **« i » au singulier ⟫ « iss » au pluriel.**
Ces verbes, pour la plupart formés sur un adjectif, expriment **un processus ou une transformation.**

Choisir : tu **choisi**s / vous **choisiss**ez.
Réfléchir : tu **réfléchi**s / vous **réfléchiss**ez.
Grandir : il **grandi**t / elles **grandiss**ent.
Réussir : on **réussi**t / elles **réussiss**ent.

Exemples

Agir : j'**agi**s / nous **agiss**ons.   Obéir : j'**obéi**s / nous **obéiss**ons.

• Verbes du 3ᵉ groupe de type **« dormir »** : **la consonne finale du radical disparaît au singulier.**
Les trois formes du singulier se prononcent de la même manière.

Partir			Dormir			Servir		
Je	**par**	s	Je	**dor**	s	Je	**ser**	s
Tu	**par**	s	Tu	**dor**	s	Tu	**ser**	s
Il/Elle/On	**par**	t	Il/Elle/On	**dor**	t	Il/Elle/On	**ser**	t
Nous	**part**	ons	Nous	**dorm**	ons	Nous	**serv**	ons
Vous	**part**	ez	Vous	**dorm**	ez	Vous	**serv**	ez
Ils/Elles	**part**	ent	Ils/Elles	**dorm**	ent	Ils/Elles	**serv**	ent

Exemples

Mentir : je **men**s / nous **ment**ons.   Sentir : tu **sen**s / vous **sent**ez.
Sortir : elle **sor**t / ils **sort**ent.

 Les verbes **« vivre » et « suivre »** ont eux aussi **deux radicaux.**
Tous les deux se conjuguent sur le même modèle que « dormir ».

Exemples

Elle **vi**t avec ses enfants.   Je **sui**s des cours de japonais à distance.
Nous **viv**ons ensemble.   Vous **suiv**ez la route indiquée.

Les trois formes du singulier se prononcent de la même manière.

Exemples

Je pars, tu pars, il part.   Je mens, tu mens, il ment.
  [ar]   [ar]   [ar]   [ã]   [ã]   [ã]

Verbes en « -ir » à trois radicaux

- Les verbes du 3ᵉ groupe de type **« venir » et « tenir »** ont trois radicaux : **« vien »**, **« ven »**, **« vienn »** et **« tien »**, **« ten »**, **« tienn »**.

Venir			Tenir		
Je	vien	s	Je	tien	s
Tu	vien	s	Tu	tien	s
Il/Elle/On	vien	t	Il/Elle/On	tien	t
Nous	ven	ons	Nous	ten	ons
Vous	ven	ez	Vous	ten	ez
Ils/Elles	vienn	ent	Ils/Elles	tienn	ent

Exemples

Se souvenir : je me **souvien**s / nous nous **souven**ons / elles se **souvienn**ent.
Appartenir : on **apparten**t / vous **apparten**ez / ils **appartienn**ent.

Les autres verbes du 3ᵉ groupe au présent de l'indicatif

Verbes en « -ire » à un seul radical

- **Le verbe « rire »** et son composé « sourire » ont **un seul radical**.

Rire		
Je	ri	s
Tu	ri	s
Il/Elle/On	ri	t
Nous	ri	ons
Vous	ri	ez
Ils/Elles	ri	ent

LA CONJUGAISON AU PRÉSENT DE L'INDICATIF

Verbes à deux radicaux

- Verbes **« voir »**, **« pouvoir »** et **« croire »** : **« oi »** ⟫ **« oy »** aux 1re et 2e personnes du pluriel.

Voir			Croire		
Je	**voi**	s	Je	**croi**	s
Tu	**voi**	s	Tu	**croi**	s
Il/Elle/On	**voi**	t	Il/Elle/On	**croi**	t
Nous	**voy**	ons	Nous	**croy**	ons
Vous	**voy**	ez	Vous	**croy**	ez
Ils/Elles	**voi**	ent	Ils/Elles	**croi**	ent

- Pour certains verbes, la finale est muette au singulier.
– Verbes en **« -dre »** : **« d » muet** au singulier, **« d »** prononcé au pluriel.
– Verbes en **« -ttre »** : **« t » muet** au singulier, **« tt »** au pluriel.

Exemples

-dre
Atten<u>dre</u> : j'att**end**s, nous att**end**ons.
                [ã]   **[ãd]**
Per<u>dre</u> : tu p**erd**s, vous p**erd**ez
          [ɛʀ]   **[ɛnd]**
Répon<u>dre</u> : il rép**ond**, elles rép**ond**ent.
              [ɔ̃]   **[ɔ̃d]**

-tre
Bat<u>tre</u> : je b**at**s, nous b**att**ons.
          [a]   **[at]**
Met<u>tre</u> : tu m**et**s, vous m**ett**ez.
          [ɛ]   **[ɛt]**

- Pour d'autres verbes, le radical du pluriel s'allonge.
– Verbes en **« -ire »** : **« i »** au singulier, **« iv/is »** au pluriel.
– Verbes en **« -aindre »**, en **« eindre »** et en **« -oindre »** : le radical est en **« ain »**, **« ein »** et **« oin »** au singulier, **« aign »**, **« eign »** et **« oign »** au pluriel.
– Verbes en **« -aître »** : le radical est en **« ai/aî »** au singulier, **« aiss »** au pluriel.

Exemples

-ire ⟫ **-iv-**
Éc<u>rire</u> : j'éc**ri**s, nous éc**riv**ons.
Déc<u>rire</u> : tu déc**ri**s, vous déc**riv**ez.

-ire ⟫ **-is-**
Constru<u>ire</u> : je constru**i**s, nous constru**is**ons.
L<u>ire</u> : tu l**i**s, vous l**is**ez.
Ta<u>ire</u> : elle ta**i**t, ils ta**is**ent.

-aindre
Cr<u>aindre</u> : je cr**ain**s, nous cr**aign**ons.

-eindre
P<u>eindre</u> : je p**ein**s, nous p**eign**ons.

-oindre
Joindre : je j**oin**s, nous j**oign**ons.

-aître
App**araître** : j'app**arais**, il app**araît**, nous app**araiss**ons.
Conn**aître** : tu conn**ais**, elle conn**aît**, vous conn**aiss**ez.

• « Plaire » a un radical en **« ai/aî »** au singulier (je pl**ai**s, tu pl**ai**s, il/elle/on pl**aî**t), en **« ais »** au pluriel (nous pl**ais**ons, vous pl**ais**ez, ils/elles pl**ais**ent).

• Verbes en **« -cevoir »** : **« c »** ⟫⟫ **« ç » devant « o »**.

Exemple

Dé**c**evoir : je dé**ç**ois, tu dé**ç**ois, il/elle/on dé**ç**oit, ils dé**ç**oivent.

Cas particuliers

• « Pouvoir » et « vouloir » ont trois radicaux : **« eu »** au singulier, **« ouv »** et **« oul »** aux 1re et 2e personnes du pluriel, **« euv »** et **« eul »** à la 3e. Le verbe « savoir » a deux radicaux, **« sai »** au singulier et **« sav »** au pluriel.

Pouv**oir**			Voul**oir**			Sav**oir**		
Je	**peu**	x	Je	**veu**	x	Je	**sai**	s
Tu	**peu**	x	Tu	**veu**	x	Tu	**sai**	s
Il/Elle/On	**peu**	t	Il/Elle/On	**veu**	t	Il/Elle/On	**sai**	t
Nous	**pouv**	ons	Nous	**voul**	ons	Nous	**sav**	ons
Vous	**pouv**	ez	Vous	**voul**	ez	Vous	**sav**	ez
Ils/Elles	**peuv**	ent	Ils/Elles	**veul**	ent	Ils/Elles	**sav**	ent

Les verbes irréguliers usuels

Être	Avoir	Aller
Je **suis**	J'**ai**	Je **vais**
Tu **es**	Tu **as**	Tu **vas**
Il/Elle/On **est**	Il/Elle/On **a**	Il/Elle/On **va**
Nous **sommes**	Nous **avons**	Nous **allons**
Vous **êtes**	Vous **avez**	Vous **allez**
Ils/Elles **sont**	Ils/Elles **ont**	Ils/Elles **vont**

LA CONJUGAISON AU PRÉSENT DE L'INDICATIF

- **Les 2ᵉ et 3ᵉ personnes du singulier** des verbes « être », « avoir » et « aller » ont **la même prononciation**.

Exemples

[ɛ] : Tu **es** grande, lui **est** petit.
[a] : Tu **as** une grande sœur qui **a** des tresses.
[va] : Elle **va** à l'école, et toi tu y **vas** aussi !

Attention à ne pas confondre « ils ont » [zɔ̃] avec la forme du verbe « être », « ils/elles sont » [sɔ̃].

Faire	Dire
Je **fais**	Je **dis**
Tu **fais**	Tu **dis**
Il/Elle/On **fait**	Il/Elle/On **dit**
Nous **faisons**	Nous **disons**
Vous **faites**	Vous **dites**
Ils/Elles **font**	Ils/Elles **disent**

- Les liaisons sont obligatoires.
- Dans le verbe « avoir », [na] : on a ; [za] : nous avons, vous avez ; [zɔ̃] ils ont.
- Dans le verbe « être », [nɛ] : on est ; [zɛ] vous êtes.
- Dans le verbe « aller », [za] : nous allons, vous allez.

Cas particulier

- Le verbe **« falloir »** s'utilise seulement à la forme impersonnelle, c'est-à-dire à la 3ᵉ personne du singulier. **« Il faut » + infinitif** exprime une nécessité générale.

Exemple

Il faut apprendre à lire et à écrire.

99

29 LES CONSTRUCTIONS
Les verbes pronominaux

- **Les verbes pronominaux réfléchis** comme « se lever », « s'habiller » sont précédés **d'un pronom personnel complément** représentant la même chose ou la même personne que **le sujet**.

> Exemples

Je me réveille à 7 heures tous les matins.
« Je » et « me » (pronom réfléchi) renvoient à la même personne.

Le chauffage s'éteint automatiquement.
« Le chauffage » et « se » renvoient à la même chose.

Se réveiller				
Singulier	Je **me** réveille	**Pluriel**	Nous **nous** réveillons
	Tu **te** réveilles		Vous **vous** réveillez
	Il/Elle/On **se** réveille		Ils/Elles **se** réveillent

S'appeler				
Singulier	Je **m'**appelle	**Pluriel**	Nous **nous** appelons
	Tu **t'**appelles		Vous **vous** appelez
	Il/Elle/On **s'**appelle		Ils/Elles **s'**appellent

- À la forme négative, le pronom personnel fait bloc avec le verbe et **la négation se place avant et après**.

Heureusement, nous › ne › nous › réveillons › pas › à 7 heures tous les matins.

- **Les verbes pronominaux réciproques** (= l'un l'autre) comme « s'aimer », « se regarder », « se rencontrer », « se réunir », « se battre » ont toujours **un sujet pluriel**.

> Exemple

Ils se sont regardés et **ils se sont aimés** dès le premier instant.

LES CONSTRUCTIONS

• **Les verbes essentiellement pronominaux** comme « s'écrier » ou « se souvenir de » n'existent pas sans pronom personnel.

> **Exemples**

Je me souviens très bien de la première fois où j'ai vu la mer.
La forme « souvenir de* » n'existe pas.

Les mouettes **se sont enfuies**, elles **se sont envolées**.
  « enfuir » seul n'existe pas   « envoler » seul n'existe pas

Les pronoms personnels compléments ➡ **p. 68**
L'accord du passé composé ➡ **p. 116**

Les verbes suivis d'une préposition + infinitif

• Certains verbes sont suivis d'une préposition : **« à » ou « de » + infinitif**.

Je **commence à** faire le ménage.   J'**empêche** ma mère **de** faire le ménage.
  sujet   sujet

> **Exemples**

Si tu **réussis à** trouver le temps, tu m'**aideras à** étudier, s'il te plaît ?
    sujet   sujet

Mes parents m'**encouragent à** apprendre le français car je **songe à** faire mes études à Bordeaux.
              sujet   sujet

Tu **rêves de** te balader en bord de mer ? Je te **propose de** passer le week-end à Étretat.
   sujet   sujet

Et je te **promets de** ne pas râler si tu **oublies de** prendre l'appareil photo !
         sujet   sujet

101

Verbes qui peuvent se construire avec « à » + infinitif		Verbes qui peuvent se construire avec « de » + infinitif	
aider (qqn)	hésiter	accepter	mériter
s'amuser	inciter (qqn)	achever	ordonner (à qqn)
apprendre	inviter (qqn)	attendre	oublier
arriver	jouer	arrêter, s'arrêter	permettre (à qqn)
s'attendre	mener	cesser	
autoriser (qqn)	se mettre	convenir	persuader (qqn)
avoir (= devoir)	obliger (qqn)	craindre	promettre (à qqn)
chercher	parvenir	choisir	
commencer	penser	décider	proposer (à qqn)
conduire	persister	empêcher qqn	refuser
contribuer	pousser (qqn)	essayer	regretter
continuer	renoncer	éviter	rêver
encourager (qqn)	réussir	envisager	risquer
enseigner	servir	entreprendre	suggérer (à qqn)
entraîner (qn)	songer	faire exprès	souffrir
faire attention	tarder	faire semblant	supplier (qqn)
forcer (qqn)	tenir	finir	se souvenir
s'habituer	viser	interdire (à qqn)	se dépêcher
		menacer (qqn)	tenter

Le passif

• La voix active se focalise sur celui qui fait l'action. **Le passif (ou voix passive) met l'accent sur celui qui / ce qui subit l'action.** Le passif présente un fait en changeant de point de vue. **Tous les verbes suivis d'un COD peuvent être mis à la voix passive** (sauf le verbe « avoir » et les verbes pronominaux).

« être » conjugué au temps voulu **+** **participe passé** s'accorde toujours avec le sujet **+** **« par »** + sujet de l'action — complément d'agent

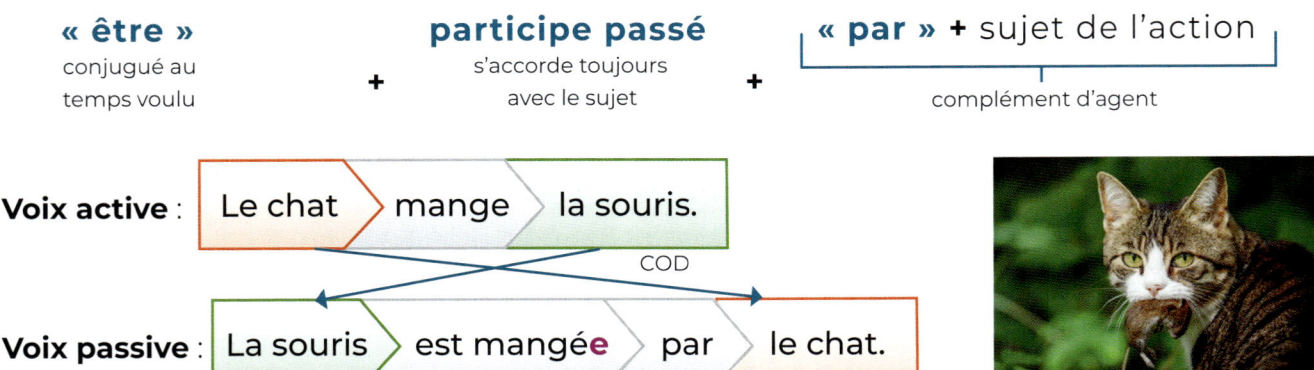

Voix active : Le chat ⟩ mange ⟩ la souris.
                                    COD

Voix passive : La souris ⟩ est mangée ⟩ par ⟩ le chat.

LES CONSTRUCTIONS

> **Exemples**

Son patron **a félicité** Paul.

Paul **a été félicité** par son patron.

Un agent immobilier **vendra** la maison.

La maison **sera vendue** par un agent immobilier.

- **Le complément d'agent peut être absent**, soit parce qu'il est évident, soit parce que l'on ne peut pas le mentionner (indéfini).

> **Exemples**

Le peuple vient d'élire le président de la République. (= évident)
➤ Le président de la République **vient d'être élu**.

On m'a volé ma trottinette électrique. (= inconnu)
➤ Ma trottinette électrique **a été volée**.

- **On ne peut pas utiliser de pronom personnel** après « par ». Dans ce cas-là, on évite d'utiliser la forme passive.

Exemple

J'ai acheté un studio à Montmartre.
➤ ~~Un studio à Montmartre a été acheté par moi.~~

- **Le complément d'agent peut être introduit par « de »** avec certains verbes : « aimer », « apprécier », « connaître », « savoir », « oublier », « respecter ».

> **Exemples**

Ton grand-père **était très aimé de** tes sœurs.
Ma directrice **est appréciée de** ses collègues.
L'actrice et chanteuse Charlotte Gainsbourg **est connue de** tous.
Cette époque **sera oubliée de** tous les jeunes.
Un menteur **n'est respecté de** personne.

103

30 LES TEMPS DE L'INDICATIF
Le présent de l'indicatif

- Cas général : Le présent de l'indicatif est un **temps simple** (formé d'un seul mot). **Sa valeur principale est l'action en cours d'accomplissement** : l'action se produit au moment de la parole.

Je **révise** ma leçon.
(= maintenant)

Je **suis** dans le bus à destination de Marseille.
Je **tourne** la tête et, par la fenêtre, je **vois** des flocons qui **volent**.
(Les actions se passent en même temps ou se suivent dans le présent.)

Valeurs du présent

- Le présent plante **un décor**, décrit **les caractéristiques d'une personne**.

Il **fait** chaud aujourd'hui, le soleil **brille**, c'**est** l'été !
(décor, situation durable)
Georges Perec **est** un grand auteur français.
Mon fils **adore** lire.
(description, caractéristiques qui ne changent pas)

- Le présent décrit **une action dans sa continuité**.

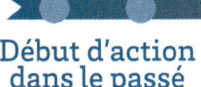

Début d'action dans le passé   Action qui continue dans le présent

Je **travaille** à La Défense près de Paris <u>depuis dix ans</u>.
Je **cours** tous les matins <u>depuis quelques mois déjà</u>.
(expressions de temps qui marquent le début de l'action)

- Le présent indique **les habitudes d'une personne, la répétition d'une action**.

Elle **écoute** la radio en prenant son petit-déjeuner.
Je **pars** au travail à vélo <u>tous les matins</u>.

LES TEMPS DE L'INDICATIF

- Le présent permet de formuler **des vérités générales, des maximes**.

La Lune **est** le seul satellite naturel de la Terre.
(C'est toujours vrai.)
Deux et deux **font** quatre.
Quand le chat n'**est** pas là, les souris **dansent**.

- Le présent peut aussi indiquer **une action instantanée, ponctuelle**.

Je **ferme** la fenêtre.
La fusée **décolle**.
Elle **éteint** son téléphone portable.

- Le présent peut exprimer un fait qui se réalisera dans un futur plus ou moins proche. Il est alors accompagné d'une indication de temps.

Nous **nous marions** <u>dans une semaine</u>.
expression de temps dans le futur

- Le présent peut remplacer un temps du passé. Cet effet de style donne à l'action une présence plus forte et plus immédiate.

<u>Le 18 juin 1940</u>, le général de Gaulle **lance** un appel à poursuivre le combat.
expression de temps dans le passé

Le présent progressif

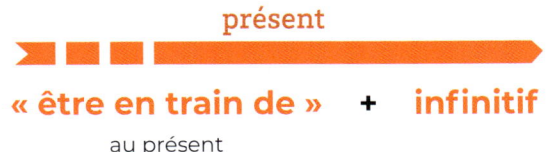

« **être en train de** » + **infinitif**
au présent

- La construction « **être en train de** » + **infinitif** permet d'insister sur le déroulement de l'action.

> **Exemples**
>
> Je **suis en train de manger**.
> Je **suis en train de me préparer**.

- La question « Qu'est-ce que tu es en train de faire ? » signifie « Qu'est-ce que tu fabriques ? » (familier) et a souvent un sens péjoratif.
- **Les verbes exprimant un sentiment et les verbes « vivre / habiter » + lieu** n'ont pas de présent progressif.

> Exemple
>
> J'**apprécie** beaucoup la vie citadine et pourtant je **vis** à la campagne.
> Je ~~suis en train~~ d'apprécier.   Je ~~suis en train de~~ vivre.

Cas particulier

- Pour insister sur le déroulement d'une action passée, on peut utiliser « être en train de » à l'**imparfait**.

J'**étais en train de dormir**, quand tu **es rentré**.

L'imparfait ➡ **p. 118**

LES TEMPS DE L'INDICATIF

Le futur proche

- Le futur proche s'emploie pour **parler d'une action qui est sur le point de se réaliser**.

« aller » + infinitif

- Si **« aller » est conjugué au présent**, le moment de référence est le **présent**.

présent → Je **vais partir** à Londres. → futur
« aller » au présent

- Si **« aller » est conjugué à l'imparfait**, le moment de référence est le **passé**.

passé → J'**allais partir** à Londres. → passé
« aller » à l'imparfait

Exemples

L'année prochaine, nous **allons nous marier**.
complément de temps

Le train **allait partir** quelques instants plus tard.
                           complément de temps

- S'il n'y a pas d'indication de temps, le futur proche parle d'**un événement immédiat**.

Exemples

Je **ne vais pas aller** à Paris.
(= dans l'immédiat, dans un futur proche, dans les jours, les semaines qui viennent)

L'avion **va décoller**, mesdames, messieurs, veuillez attacher vos ceintures. (= d'un instant à l'autre)

107

Le futur simple

- Le futur simple s'emploie pour parler d'une action qui se réalisera dans un **avenir** plus ou moins lointain. On le forme à partir de l'infinitif du verbe en ajoutant les terminaisons du futur simple.

Crier	Préférer	Finir
Je **crier** ai	Je **préférer** ai	Je **finir** ai
Tu **crier** as	Tu **préférer** as	Tu **finir** as
Il/Elle/On **crier** a	Il/Elle/On **préférer** a	Il/Elle/On **finir** a
Nous **crier** ons	Nous **préférer** ons	Nous **finir** ons
Vous **crier** ez	Vous **préférer** ez	Vous **finir** ez
Ils/Elles **crier** ont	Ils/Elles **préférer** ont	Ils/Elles **finir** ont

- **On supprime le « -e » final** pour les infinitifs terminés par « -e ».

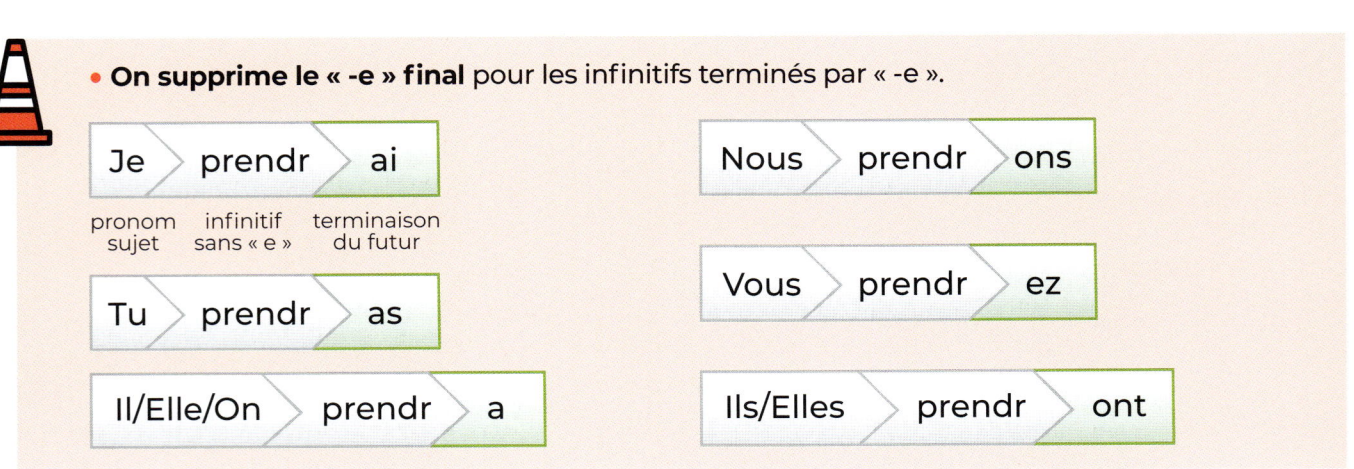

LES TEMPS DE L'INDICATIF

- Les verbes **en « -ayer »** ont deux formes possibles, en **« y »** ou en **« i »**.
Les verbes **en « -oyer » et en « -uyer »** ont une forme en **« i »**.

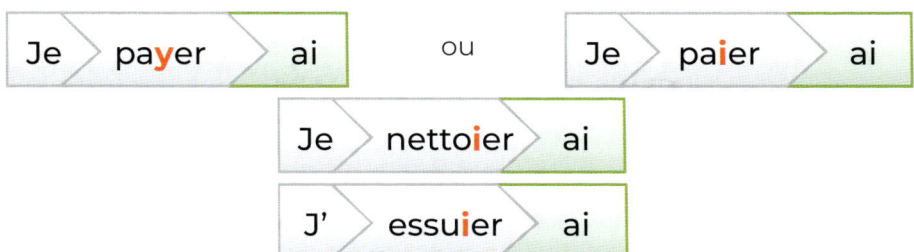

- Les verbes **en « -eter » et « -eler »** se construisent sur la forme du présent de l'indicatif à la 1re personne du singulier auquel on ajoute un **« -r »**.

– **Verbes en « -eler »**

radical du présent, 1re pers. sing.

radical du présent, 1re pers. sing.

Appeler			Geler		
J'	appelle	rai	Je	gèle	rai
Tu	appelle	ras	Tu	gèle	ras
Il/Elle/On	appelle	ra	Il/Elle/On	gèle	ra
Nous	appelle	rons	Nous	gèle	rons
Vous	appelle	rez	Vous	gèle	rez
Ils/Elles	appelle	ront	Ils/Elles	gèle	ront

– **Verbes en « -eter »**

radical du présent, 1re pers. sing.

radical du présent, 1re pers. sing.

Jeter			Acheter		
Je	jette	rai	J'	achète	rai
Tu	jette	ras	Tu	achète	ras
Il/Elle/On	jette	ra	Il/Elle/On	achète	ra
Nous	jette	rons	Nous	achète	rons
Vous	jette	rez	Vous	achète	rez
Ils/Elles	jette	ront	Ils/Elles	achète	ront

– **Verbes irréguliers**

Être	Je **se**rai		Pouvoir	Je **pour**rai
Avoir	J'**au**rai		Devoir	Je **dev**rai
Aller	J'**i**rai		Savoir	Je **sau**rai
Faire	Je **fe**rai		Voir	Je **ver**rai
Mourir ⟫	Je **mour**rai		Recevoir ⟫	Je **recev**rai
Courir	Je **cour**rai		Envoyer	J'**enver**rai
Venir	Je **vien**drai		Falloir	Il **faud**ra
Tenir	Je **tien**drai		Pleuvoir	Il **pleuv**ra
Vouloir	Je **vou**drai			

Valeurs du futur simple

• Le futur simple peut exprimer :
– la prévision,
– la prédiction,
– la promesse, la résolution,
– la directive, la consigne,
– le refus catégorique,
– le programme.

Exemples

Demain, il **pleuvra** dans toutes les régions. (prévision)
Vous **gagnerez** cette bataille. (prédiction)
Je te **téléphonerai** demain à 8 heures. (promesse)
J'**arrêterai** de fumer le 1er janvier. (résolution)
Les délégations territoriales **devront** informer les producteurs. (directive)
Vous **prendrez** ce médicament pendant un mois. (consigne)
Je ne **partirai** pas avec toi ! (refus catégorique)
Nous **commencerons** le voyage à Athènes puis nous **prendrons** le ferry et **passerons** la nuit à Syros. (programme)

On utilise plus souvent **le futur proche à l'oral et le futur simple à l'écrit**.

LES TEMPS DE L'INDICATIF

Le futur antérieur

« finir » au futur antérieur
(forme négative)

- Le futur antérieur se forme avec l'auxiliaire au futur suivi du participe passé.

« avoir / être » au futur simple + participe passé du verbe

sujet   auxiliaire + participe passé

- Le futur antérieur exprime un fait qui se réalise dans le futur avant une autre action (au futur simple).

Quand j'**aurai terminé** mes devoirs, j'**irai** au cinéma.
Je lui **parlerai** à nouveau lorsqu'elle **se sera excusée**.
2ᵉ action   1ʳᵉ action

- Il s'emploie pour présenter **l'action accomplie par rapport à un moment futur**.

Je **serai arrivé** avant 22 heures.
indicateur de temps

- Il exprime **l'antériorité par rapport à une action à l'impératif**.

Appelez-moi dès que vous **aurez reçu** le contrat.

Le passé récent

• Le passé récent s'emploie pour exprimer une action qui s'est passée **très peu de temps avant** le moment où l'on parle. Il se forme avec « venir de » suivi de l'infinitif.

« **venir de** » + **infinitif** du verbe

• Si « venir » est conjugué au présent, le moment de référence est le présent.

– Sabine est là ?
– Non, elle **vient de partir**.
« venir » au présent
(Elle a quitté les lieux il y a quelques minutes)

• Si « venir » est conjugué à l'imparfait, le moment de référence est le passé.

Quand **je suis arrivée**, le magasin **venait de femer**.
« venir » à l'imparfait

• L'adverbe **« juste » permet d'insister** sur la proximité avec le moment présent.

Exemple
Il vient **juste** de partir.
(Cela fait environ 10 minutes qu'il est parti.)

• **Le passé récent ne peut pas être utilisé avec une indication de temps.** Dans ce cas, on utilise le passé composé.

Exemple
Le film **a commencé** il y a trois minutes.
    passé composé

• Attention à ne pas confondre le présent et le passé récent.

Exemple
Je **viens** de la gare.   ≠   Je **viens de rentrer** de la gare.
présent   complément   passé récent   complément
de lieu (origine)   « venir de » infinitif   de lieu

LES TEMPS DE L'INDICATIF

Le passé composé

- On utilise le passé composé pour raconter des événements au passé.

« avoir / être » au présent + participe passé du verbe

Le passé composé avec « avoir »

- Le passé composé de la **majorité des verbes** se forme avec **« avoir »**. Le participe passé ne s'accorde pas avec le sujet.

« manger » conjugué au passé composé

Exemples

<u>Le 31 décembre</u>, j'**ai fêté** la nouvelle année avec Anna et Mattéo.
 indicateur de temps

<u>L'année dernière</u>, Zoé **a acheté** une voiture électrique.
 indicateur de temps

Mes cousins **ont pris** des vacances <u>en février</u>.
                                    indicateur de temps

À la forme négative

- « Ne » et « pas » entourent l'auxiliaire.

Exemples

Tu **n'as pas préparé** de gâteau.

Vous **n'avez pas donné** de vos nouvelles depuis longtemps.

Le passé composé avec « être »

- Avec **« être »**, le participe passé **s'accorde**, comme un adjectif, avec le sujet.

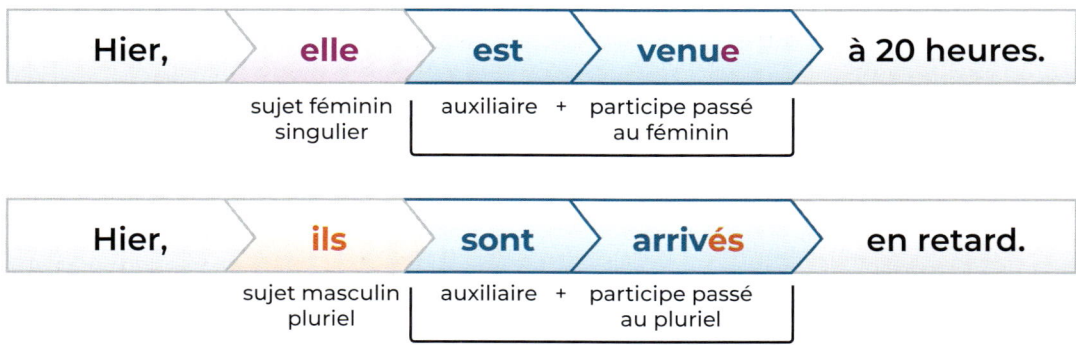

- Le passé composé se construit avec l'auxiliaire **« être »** avec les 14 verbes suivants et leurs composés. La plupart sont des verbes de déplacement qui indiquent un changement de lieu.

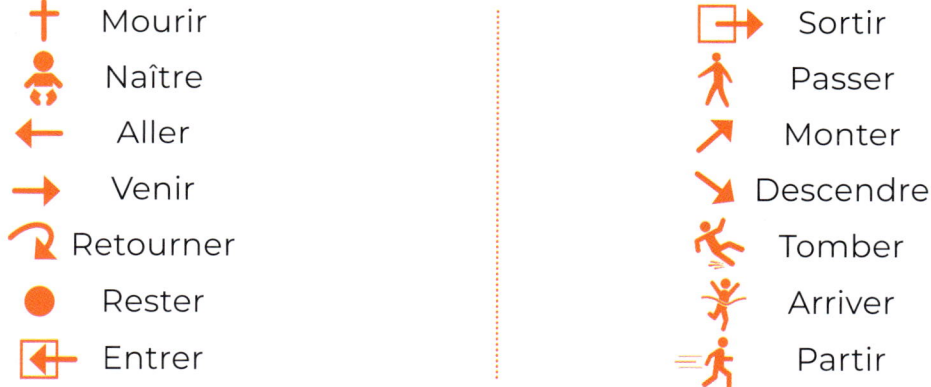

- Les verbes pronominaux construisent eux aussi leur passé composé avec **« être »**.

Exemples

Mes copines **sont allées** au restaurant sans moi.

Ce matin, Olivia **s'est réveillée** très tôt.

Mon ami et moi, on **est arrivés** en retard.

LES TEMPS DE L'INDICATIF

« Être » ou « avoir » ?
Certains des verbes utilisés avec « être » se construisent avec **« avoir »** quand ils ont un **complément d'objet direct**. C'est possible avec « entrer », « sortir », « descendre », « monter », « passer » et « retourner ».

Exemples

Sans complément d'objet direct : « être »
- Je **suis monté(e)**.
- Je **suis entré(e)**.
- Je **suis sorti(e)**.
- Je **suis descendu(e)**.
- Je **suis passé(e)**.
- J'**y suis retourné(e)**.
  complément de lieu

Avec complément d'objet direct : « avoir »
- J'**ai monté** les valises.
- J'**ai rentré** les poubelles.
- J'**ai sorti** les poubelles.
- J'**ai descendu** les valises.
- J'**ai passé** le permis de conduire.
- J'**ai retourné** les coussins.

Formation des participes passés

- Pour les verbes en **« -re »** ou en **« -ir »**, le participe passé se forme sur le **radical** de l'infinitif + **« é » / « i »**. Le participe passé des verbes les plus courants se forme ainsi :

-er ➤ -é

mang**er** ➤ mang**é**
appel**er** ➤ appel**é**

Tu **as mangé** toute la tarte !

- ir ➤ -i

fin**ir** ➤ fin**i**
chois**ir** ➤ chois**i**

Tu **as fini** ton travail ?

- Pour les verbes en **« -re »**, le participe passé se forme sur le **radical** de l'infinitif + **« is »** ou **« u »**. Pour les verbes en **« -oir »** et en **« -oire »**, on ajoute au radical de l'infinitif **« u »**.

-re ➤ -is, -u

pren**dre** ➤ pr**is**
C'est ce garçon qui **a pris** la commande.
connaî**tre** ➤ connu
J'**ai connu** peu de personne comme toi.

-oir, -oire ➤ -u

v**oir** ➤ vu
Moi aussi, j'**ai vu** ce film il y a longtemps.
b**oire** ➤ bu
Nous **avons bu** un verre ensemble.

Verbes irréguliers au passé composé

être ⟫ **avoir été**   mourir ⟫ **être mort**
avoir ⟫ **avoir eu**   venir ⟫ **être venu**
naître ⟫ **être né**   descendre ⟫ **être descendu**

Exemple
Son petit frère **est né** en automne.

L'accord au passé composé

L'accord avec « avoir »

• Avec l'auxiliaire « avoir », le participe passé ne s'accorde pas avec le sujet.

Exemple

Mathilde **a mangé** toutes les crêpes.

• **Le participe passé s'accorde** avec l'auxiliaire « avoir » uniquement si le complément d'objet (COD) est placé devant. Il s'accorde alors **avec ce COD**.

Exemples

Combien de cafés as-tu **bus** aujourd'hui ?
   COD masculin pluriel

Les crêpes ? Pierre **les a** toutes **mangées**.
                    COD = féminin pluriel

Regarde **les photos que** j'**ai prises** en vacances.
         COD = féminin pluriel

LES TEMPS DE L'INDICATIF

L'accord avec « être »

• Avec l'auxiliaire « être », le participe passé s'accorde avec le sujet.

Exemple

Hier, Jeanne et moi, nous **sommes allées** manger des crêpes chez notre grand-mère.

• À la forme pronominale, le participe passé ne s'accorde pas avec le sujet quand le verbe est suivi d'un complément d'objet direct. Si le COD est placé avant le verbe, l'accord se fait avec ce COD.

Exemples

Vous **vous êtes lavés**.
             accord

Vous **vous êtes lavé les mains**.
        pas d'accord COD après

Les mains que vous **vous êtes lavées**.
    COD devant le verbe   accord
    = les mains

• Il n'y a pas d'accord quand le verbe se construit avec la préposition « à ».

Exemple

Ils **se sont écrit**. (écrire **à** quelqu'un)
   pas d'accord

• Les verbes « se permettre », « s'en vouloir » et « se faire » ne s'accordent jamais.

Exemples

Elles **se sont permis** de partir plus tôt.
Elle **s'en est voulu**.
Nous **nous sommes fait** avoir.

L'imparfait

- L'imparfait s'emploie pour **décrire une situation passée ou une habitude dans le passé**.
On le forme à partir du radical de la 1re personne du pluriel du présent (« nous ») en ajoutant les terminaisons de l'imparfait.

prendre ➡ nous **pren**ons (présent)

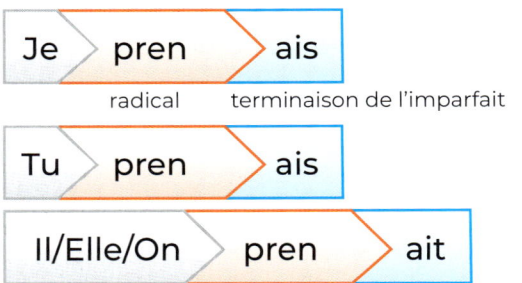
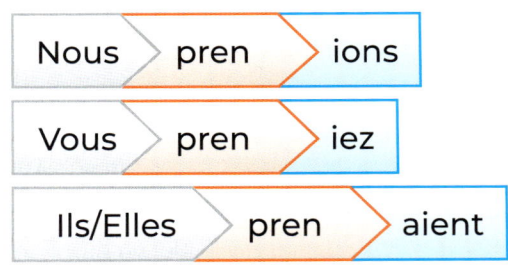

 Les terminaisons **« -ais »**, **« -ait »** et **« -aient »** se prononcent de la même façon : [ɛ].

- **Pour les verbes en « -yer » et les verbes dont le radical se terminent par « i »**, la conjugaison est régulière : attention à ne pas oublier le « i » après « y » ou « i ».

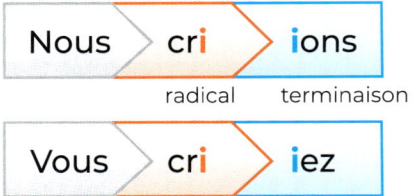

Exemples

Payer : nous pa**yi**ons, vous pa**yi**ez
Rire : nous r**ii**ons [ijjɔ̃], vous r**ii**ez [ijje]
Voir : nous vo**yi**ons, vous vo**yi**ez

Prier : nous pr**ii**ons, vous pr**ii**ez
Croire : nous cro**yi**ons, vous cro**yi**ez
Noyer : nous no**yi**ons, vous no**yi**ez

LES TEMPS DE L'INDICATIF

- Le seul verbe irrégulier à l'imparfait est le verbe « être ».

Être
J'**étais**
Tu **étais**
Il/Elle/On **était**
Nous **étions**
Vous **étiez**
Ils/Elles **étaient**

- On utilise l'imparfait avec les indications de temps **« avant »**, **« quand »**, **« lorsque »**, **« à cette époque-là »**.

Exemples

<u>Avant</u>, les trains **étaient** à vapeur.
<u>Quand</u> j'**étais** enfant, j'**adorais** aller au cinéma.

Le passé composé et l'imparfait

- Le récit au passé utilise les deux temps : le **passé composé** pour les événements (succession d'actions, comme dans un film), et l'**imparfait** pour les descriptions et les situations (éléments du décor, comme sur une photo).

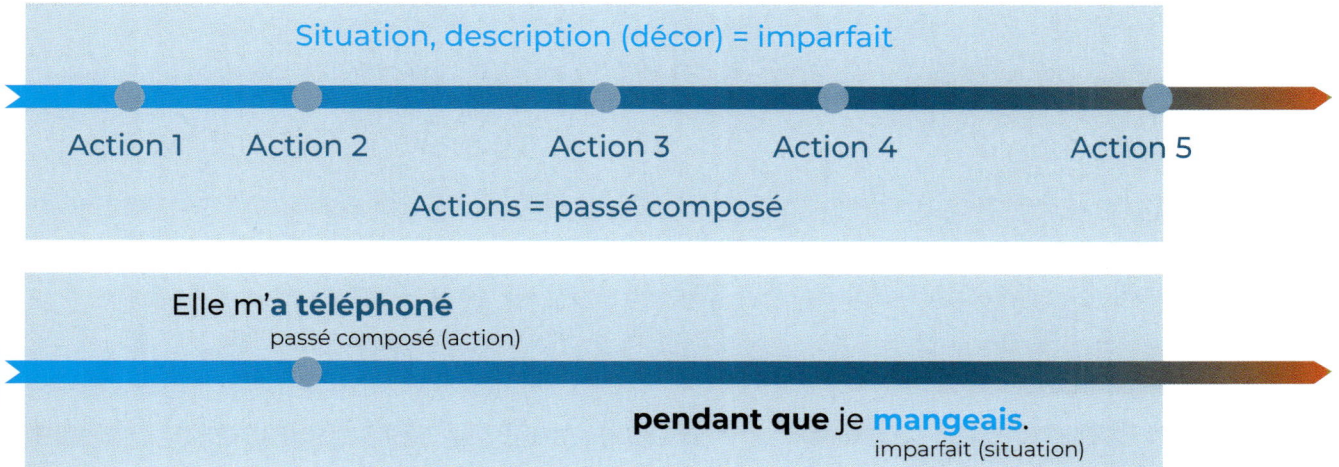

Exemples

Quand j'**ai gagné** cette course, j'**avais** neuf ans.
      passé composé   imparfait
      = action courte   = situation qui dure

C'**était** la fête de l'école, le soleil **brillait**. <u>Pendant que</u>
  imparfait   imparfait
  = décor   = décor
la course **se déroulait**, mes parents m'**encourageaient**.
         passé composé   imparfait
         = action qui dure   = imparfait qui dure

<u>Soudain</u>, j'**ai franchi** en premier la ligne d'arrivée.
adverbe   passé composé
= action subite = action courte

Tout le monde m'**a applaudi** et m'**a félicité**.
                        passé composé   passé composé
                        = action courte   = action courte

- Le **passé composé** indique un **changement** par rapport à d'anciennes habitudes ou par rapport à une situation donnée. Il peut être accompagné d'une indication de temps.

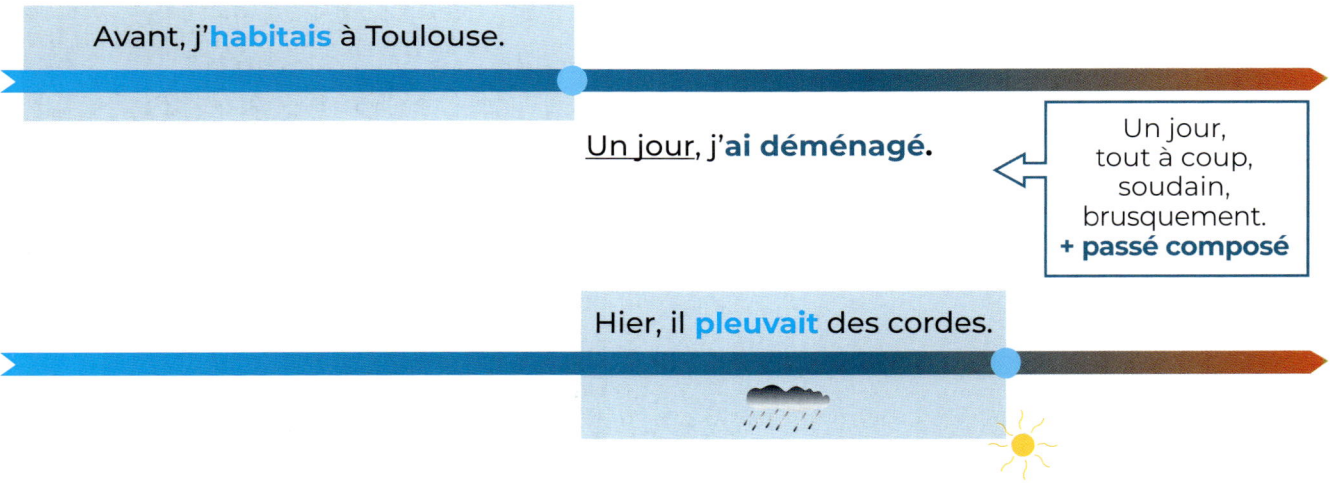

- Le passé composé a une **durée définie**, avec un début et une fin précis. L'imparfait a une **durée indéfinie**.

LES TEMPS DE L'INDICATIF

Le plus-que-parfait

- Le plus-que-parfait indique qu'un événement précède un autre événement dans le passé.

« avoir / être » à l'imparfait + participe passé du verbe

Exemples

« **prendre** » au plus-que-parfait

sujet | auxiliaire + participe passé

« **venir** » au plus-que-parfait

À la forme négative

- La négation encadre l'auxiliaire.

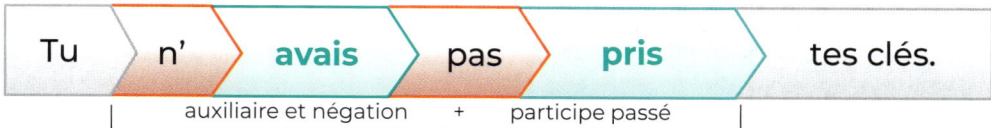

auxiliaire et négation + participe passé

Avec un verbe pronominal

- Le pronom réfléchi précède l'auxiliaire.

pronom réfléchi et auxiliaire + participe passé

Valeurs du plus-que-parfait

• Le plus-que-parfait s'emploie pour une **action qui s'est passée avant une autre** dans le passé. Il peut préciser une **chronologie** ou indiquer une **cause**.

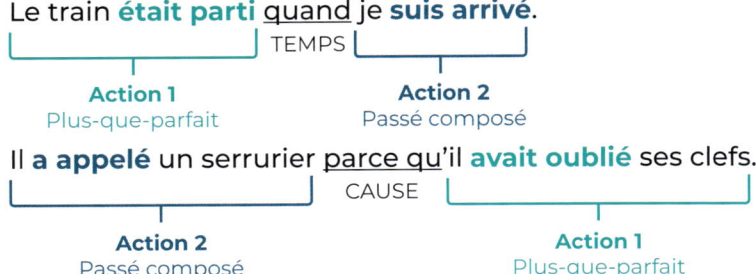

 Le plus-que-parfait, l'imparfait et le passé composé servent à indiquer les différents moments du passé.

Exemples

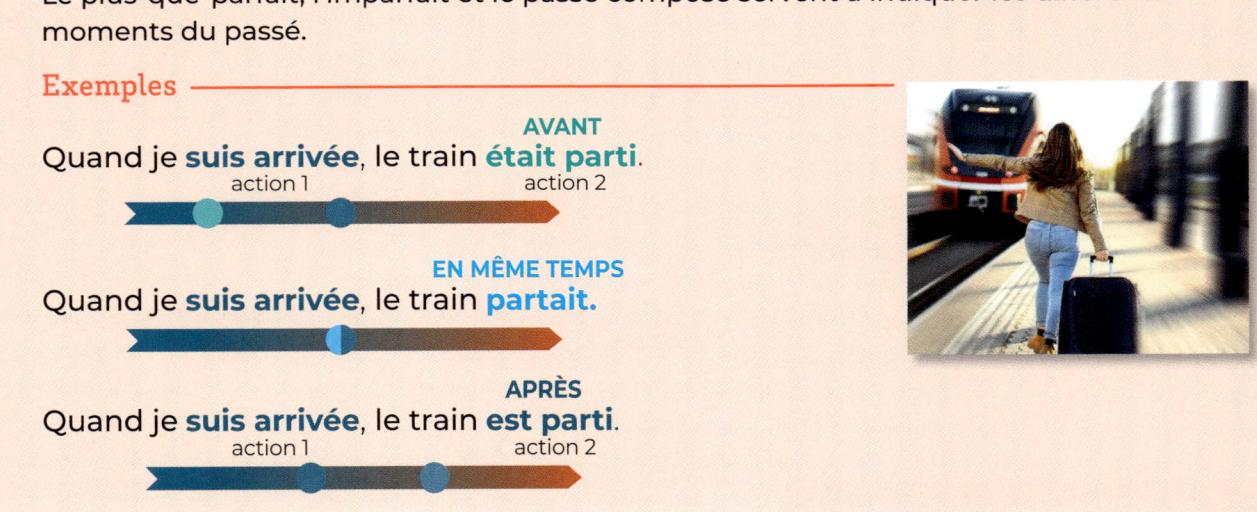

LES TEMPS DE L'INDICATIF

Le passé simple

- Le passé simple s'emploie pour des actions brèves, soudaines et qui ne se produisent qu'une seule fois dans le passé.

> **Exemple**
>
> Il y **eut** un grand bruit. Cela me **fit** peur, je **courus** vers la sortie.

Le passé simple est surtout utilisé **à l'écrit**, dans les contes, les textes littéraires et les récits historiques.

Exemples

Ils **se marièrent** et **eurent** beaucoup d'enfants.
À Paris, le peuple **se révolta** et **prit** la Bastille le 14 juillet 1789.

Les verbes en « er » (1ᵉʳ groupe)

- Les verbes du **1ᵉʳ groupe** (en « er ») ont un passé simple en **« a »** sauf pour la dernière personne.

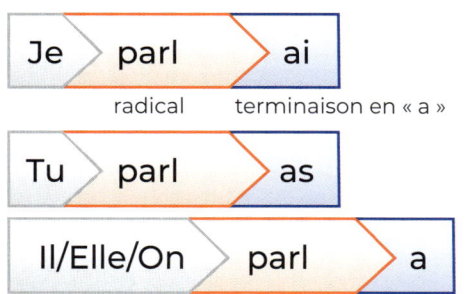

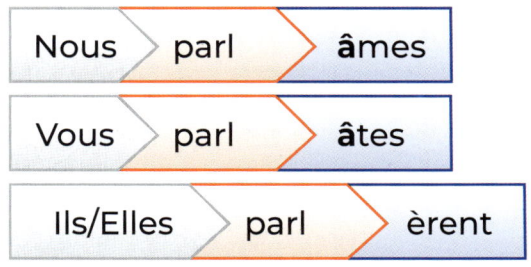

> **Exemple**
>
> On m'**invita** à une conférence. J'y **allai** avec ma sœur. Nous **écoutâmes** attentivement puis, à la fin, plusieurs personnes **posèrent** des questions.

- Verbes en « **ger** » : « **g** » ⟫ « **ge** » devant « **a** »

Exemple ─────────────────────────────

Nous **mangeâmes** des fruits de mer, mais mes cousins, allergiques, n'en **mangèrent** pas.

- Verbes en « **cer** » : « **c** » ⟫ « **ça** » devant « **a** »

Exemple ─────────────────────────────

Tu **commenças** dès 8 heures, eux **commencèrent** plus tard.

Les terminaisons « **-ais** » **de l'imparfait** et « **-ai** » **du passé simple** n'ont pas la même prononciation : « **-ais** » est **ouvert**, comme dans « m**è**re », mais « **-ai** » est **fermé**, comme dans « **é**cole ».

Exemples ─────────────────────────────

Je parl**ais**.   Je parl**ai**.
   [ɛ]   [e]

Le passé simple en « i » (2ᵉ groupe + certains verbes du 3ᵉ)

- Les verbes du **2ᵉ groupe** et certains verbes du **3ᵉ groupe** ont un passé simple en « **i** ».

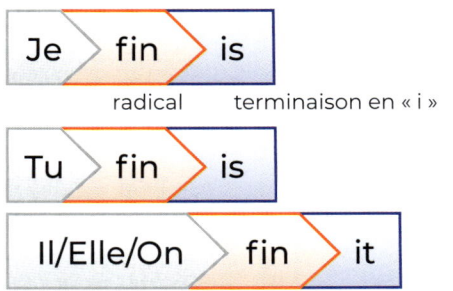
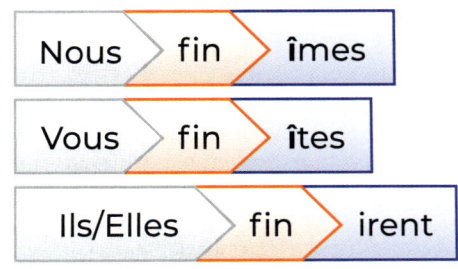

- Verbes en « **-ir** » (2ᵉ et 3ᵉ groupes) :
2ᵉ groupe : **choisir** ➡ je **choisis**, tu **choisis**, il/elle/on **choisit**, nous **choisîmes**, vous **choisîtes**, ils/elles **choisirent**.
3ᵉ groupe : **offrir** ➡ j'**offris**, tu **offris**, il/elle/on **offrit**, nous **offrîmes**, vous **offrîtes**, ils/elles **offrirent**.

- Verbes en « **-ire** » :
dire ➡ je **dis**, tu **dis**, il/elle/on **dit**, nous **dîmes**, vous **dîtes**, ils/elles **dirent**.

- Verbes en **« -endre »** :
prendre ➡ je **pris,** tu **pris,** il/elle/on **prit,** nous **prîmes,** vous **prîtes,** ils/elles **prirent**.

- Verbes en **« -ttre »** :
mettre ➡ je **mis,** tu **mis,** il/elle/on **mit,** nous **mîmes,** vous **mîtes,** ils/elles **mirent**

Exemples

Ta sœur et toi **choisîtes** la plus belle bague et tu me l'**offris**. Je **rougis** de plaisir.
Il **dit** une bêtise, et ses amis **rirent**.
Il **prit** le livre qu'elle lui **tendit** et il **apprit** sa leçon.
Ils **combattirent** avec courage. On leur **remit** une médaille.

Les verbes « **faire** » et ses composés (« **refaire** » / « **défaire** »), « **voir** » et « **naître** » ont un passé simple en « **i** ».
- **Faire** ➡ je f**is,** tu f**is,** il/elle/on f**it,** nous f**îmes,** vous f**îtes,** ils/elles f**irent**
- **Voir** ➡ je v**is,** tu v**is,** il/elle/on v**it,** nous v**îmes,** vous v**îtes,** ils/elles v**irent**
- **Naître** ➡ je naqu**is,** tu naqu**is,** il/elle/on naqu**it,** nous naqu**îmes,** vous naqu**îtes,** ils/elles naqu**irent**

Exemples

Elles **firent** un demi-tour.
Nous **vîmes** de la fumée au loin.
Balzac **naquit** le 20 mai 1799.

Le passé simple en « u » (2ᵉ groupe + certains verbes du 3ᵉ)

- Certains verbes du **3ᵉ groupe** forment leur passé simple en **« u »**.

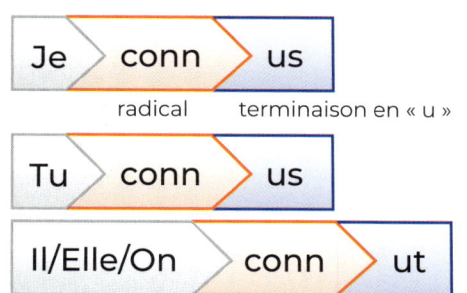
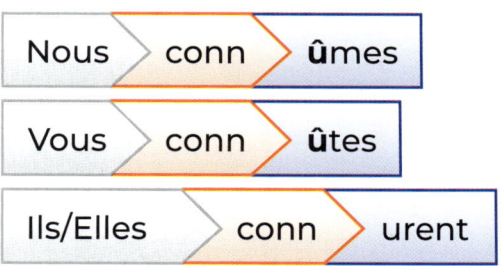

- Verbes en **« -ir »** (3ᵉ groupe) :
courir ➡ je **courus**, tu **courus**, il/elle/on **courut**, nous **courûmes**, vous **courûtes**, ils/elles **coururent**.

- Verbes en **« -ire »** :
lire ➡ je **lus**, tu **lus**, il/elle/on **lut**, nous **lûmes**, vous **lûtes**, ils/elles **lurent**.

- Verbes en **« -oir »** (sauf « voir ») :
recevoir ➡ je **reçus**, tu **reçus**, il/elle/on **reçut**, nous **reçûmes**, vous **reçûtes**, ils/elles **reçurent**.
devoir ➡ je **dus**, tu **dus**, il/elle/on **dut**, nous **dûmes**, vous **dûtes**, ils/elles **durent**.
pouvoir ➡ je **pus**, tu **pus**, il/elle/on **put**, nous **pûmes**, vous **pûtes**, ils/elles **purent**.
vouloir ➡ je **voulus**, tu **voulus**, il/elle/on **voulut**, nous **voulûmes**, vous **voulûtes**, ils/elles **voulurent**.
falloir ➡ il **fallut**.

- Verbes en **« -oire »** :
croire ➡ je **crus**, tu **crus**, il/elle/on **crut**, nous **crûmes**, vous **crûtes**, ils/elles **crurent**.

> **Exemples**

À son appel, nous **accourûmes**.

Il **relut** souvent ta lettre.

Quand tu **reçus** la facture, tu t'**aperçus** d'une erreur et tu ne **voulus** pas payer. Il **fallut** envoyer une réclamation.

Ils **crurent** à mes exploits et **burent** à ma santé.

Les verbes « **être** » et « **avoir** » sont irréguliers. Ils ont un passé simple en « **u** ».

Avoir	Être
J'**eus**	Je **fus**
Tu **eus**	Tu **fus**
Il/Elle/On **eut** [n]	Il/Elle/On **fut**
Nous **eûmes** [z]	Nous **fûmes**
Vous **eûtes** [z]	Vous **fûtes**
Ils/Elles **eurent** [z]	Ils/Elles **furent**

LES TEMPS DE L'INDICATIF

Les verbes « venir » et « tenir »

Les verbes « **venir** », « **tenir** » et leurs composés (« **revenir** » / « **retenir** » / « **devenir** » / « **détenir** » / « **obtenir**… ») sont irréguliers.

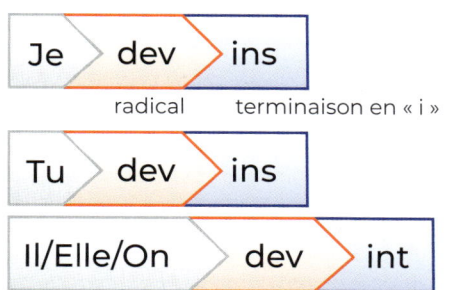

radical — terminaison en « i »

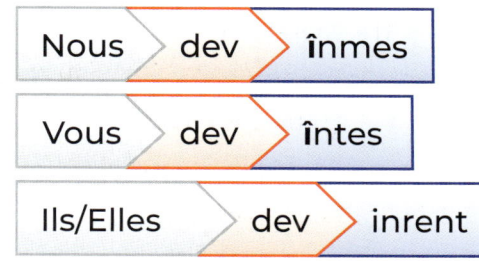

Exemples

Mes amis **vinrent** me rendre visite à l'hôpital.

Lorsque je **revins** dans mon village natal, je **tins** à revoir mon école primaire.

Elle **devint** actrice et **obtint** plusieurs récompenses.

Le passé simple et le passé composé

- Le passé simple s'emploie à l'écrit seulement, dans des emplois semblables à ceux du passé composé. Le **passé composé**, lui, s'emploie **à l'oral** et de plus en plus souvent à l'écrit aussi.

Passé composé
- Dialogue écrit
- Lettre familière
- Actions récentes

Passé simple
- Récit littéraire
- Narration soignée
- Actions historiques

Exemples

« Elle m'**a téléphoné** pendant que je **mangeais**. »

Le Petit Poucet **s'échappa** pendant que l'ogre **dormait**.

31 LES MODES
L'infinitif

L'infinitif est la forme non conjuguée du verbe.

L'infinitif s'emploie...

❶ pour exprimer un **ordre** ou une **interdiction**.

❷ après un **mot interrogatif**.

❸ après les verbes de modalité : « **pouvoir** », « **vouloir** », « **savoir** », « **devoir** » et « **falloir** ».

❹ après les verbes de **souhait**, de **regret**, de **crainte** et de **sentiment** (avec un seul sujet).

❺ après les verbes « **laisser** » et « **faire** ».

❻ après les verbes de **communication** et de **perception** (avec des sujets différents).

❼ après certaines prépositions (« **pour** », « **afin de** », « **sans** », « **après** », « **avant de** », etc.) pour exprimer la circonstance, (avec un seul et même sujet).

Exemples

❶ **Frapper** avant d'entrer. (Ordre)
Ne pas **stationner**. (Interdiction)

❷ **Pourquoi hésiter** ?
Pourquoi ne pas lui **demander** ?

❸ Vous ne **savez** pas **cuisiner**.
Il **faudra se lever** tôt.

❹ Elle **espère gagner**.
Un seul sujet = c'est « elle » qui espère et qui peut gagner.
Je **n'aime pas voyager**.
Un seul sujet = c'est « je » qui n'aime pas et qui voyage ou non.

LES MODES

5 Nous <u>les</u> avons laissé **dormir**.
sujet de « dormir »

Il <u>nous</u> fait **rire**.
sujet de « rire »

6 Je <u>vous</u> conseille **de lire** ce roman.
sujet de « lire »

Je <u>les</u> entends **chanter**.
sujet de « chanter »

7 <u>Vous</u> finirez vos devoirs **avant de sortir** et
sujet de « finir » et de « sortir »

<u>vous</u> réviserez ensemble **pour avoir** de bonnes notes.
sujet de « réviser » et d'« avoir »

Ainsi, <u>vous</u> répondrez **sans vous tromper**.
sujet de « répondre » et de « se tromper »

 Avec les verbes de parole, quand le sujet est le même, on emploie « que » suivi de l'indicatif.

Exemple

<u>Je</u> lui dis **que je vais** bien.

L'infinitif passé

• **L'infinitif passé** s'emploie avec les **verbes de regret** et avec **« après »** quand il y a un seul et même sujet.

« avoir » ou « être » à l'infinitif   +   participe passé du verbe

Exemples

Il **regrette d'avoir refusé** cet emploi.
sujet

Vous sortirez **après avoir fini** vos devoirs.
sujet

• Il est aussi souvent employé dans des **expressions courantes**, pour exprimer un action qui s'est passée **avant le moment où on parle**.

Je vous **remercie** de nous **avoir invités**.
sujet de « remercier »

Je suis ravi d'**avoir pu** vous parler.
sujet de « pouvoir »

La négation de l'infinitif

La négation se place avant l'infinitif.

$$\left.\begin{array}{r}\text{ne pas}\\\text{ne plus}\\\text{ne jamais}\end{array}\right\} + \text{infinitif présent ou passé}$$

Exemples

Fais une liste **pour ne rien oublier**.
Elle espère **ne pas s'être trompée**.

 « Ne … personne » encadre l'infinitif.

Exemple

Je regrette de **n'**avoir prévenu **personne**.

L'impératif

Construction

• Il n'a que trois personnes : les 2es personnes du singulier et du pluriel et la 1re personne du pluriel. Le pronom n'est pas exprimé.

Impératif = Conjugaison du présent (*tu, nous, vous*) !

Ø Fais !   Ø Faisons !   Ø Faites !

Exemples

Tu dors.   ⟫ **Dors !**
Nous dormons.   ⟫ **Dormons !**
Vous dormez.   ⟫ **Dormez !**

Cas particuliers

À l'impératif, la 2e personne du singulier ne prend pas de « s » après un « e ». Il n'y a pas de « s » non plus dans le verbe « aller ».

Exemples

Parler : Tu parle<u>s</u>. ➡ **Parle !**
Ouvrir : Tu ouvre<u>s</u>. ➡ **Ouvre !**
Aller : Tu va<u>s</u>. ➡ **Va !**

Avec « y » et « en », le « s » est rétabli, suivi d'un trait d'union, pour éviter le hiatus et faire la liaison obligatoire.

Exemples

Parle**s-en** ! [zɑ̃]   Va**s-y** ! [zi]

Verbes irréguliers à l'impératif

Être	Avoir	Savoir	Vouloir
Sois	**Aie**	**Sache**	
Soyons	**Ayons** [ai]	**Sachons**	
Soyez	**Ayez** [ai]	**Sachez**	**Veuillez** *(formule de politesse)*

Exemples

Sois courageuse !
Ayez l'honnêteté de reconnaître les faits.
Sachons nous taire.
Veuillez vous asseoir, madame.

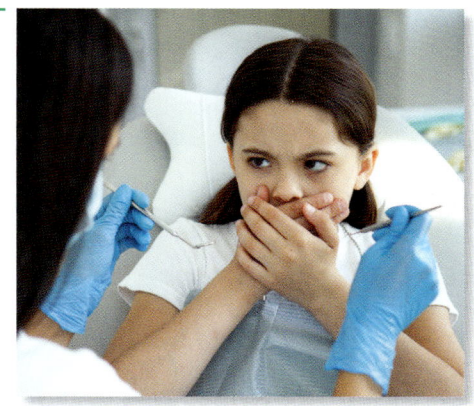

La place des pronoms

• Les pronoms personnels se placent après le verbe à l'impératif suivi d'un trait d'union.

| Impératif | - (trait d'union) | pronom 1 | - | pronom 2 |

Prends - le !   Dis - leur bonjour !

Donne - la - moi !

• Dans les verbes pronominaux, le pronom réfléchi est à la forme tonique.

Exemples

S'endormir. (infinitif)
pronom

Tu t'endors. (présent)
pronom

Il est tard, **endors-toi** vite !
                  pronom tonique

S'embrasser.
pronom

Nous nous embrassons.
     pronom

Embrassons-nous sous le gui !
             pronom tonique

La place des doubles pronoms ➡ p. 71

Emplois

• L'impératif sert à exprimer un ordre ou une consigne, un conseil ou encore un souhait.

Exemples

Termine tes devoirs ! (ordre)
Tu passes un entretien ? **Pense** à bien articuler. (conseil)
Faites bon voyage ! (souhait)

• À la forme négative, il exprime l'interdiction.

| Ne | pronom | impératif | pas ! |

Parle-moi ! ⟫ Ne me parle pas !

Exemples

Ouvre-le ! ⟫ Ne l'ouvre pas !   Lève-toi ! ⟫ Ne te lève pas !   Allez-y ! ⟫ N'y allez pas !

LES MODES

Le conditionnel présent

Construction

- Le conditionnel se construit à partir du **futur** et de l'**imparfait**.

Conditionnel présent = radical du **futur** + terminaisons de l'**imparfait**

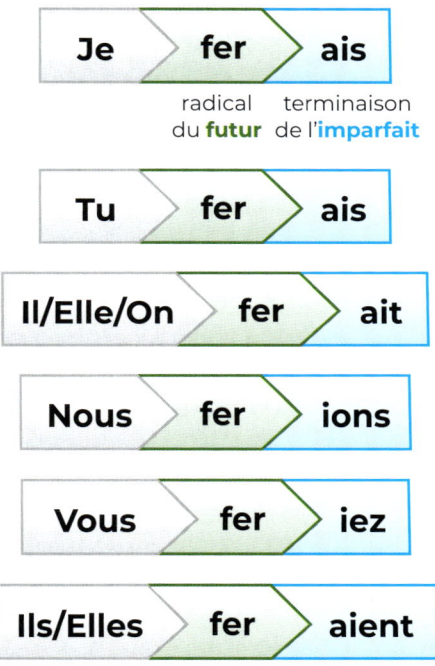

« Faire » au conditionnel présent

Exemples

Futur : je parlerai. ➡ Conditionnel : je **parlerais**.
Futur : nous serons. ➡ Conditionnel : nous **serions**.

Les terminaisons **« -ai » du futur** et **« -ais » du conditionnel** n'ont pas la même prononciation : « **ai** » est **fermé**, comme dans « **é**cole », « **ais** » est **ouvert**, comme dans « m**è**re ».

Exemples

Je dormirai.   Je dormirais.
     [e]   [ɛ]

Emplois

Le conditionnel présent indique qu'un fait, un événement n'est pas certain (souhait, condition...).

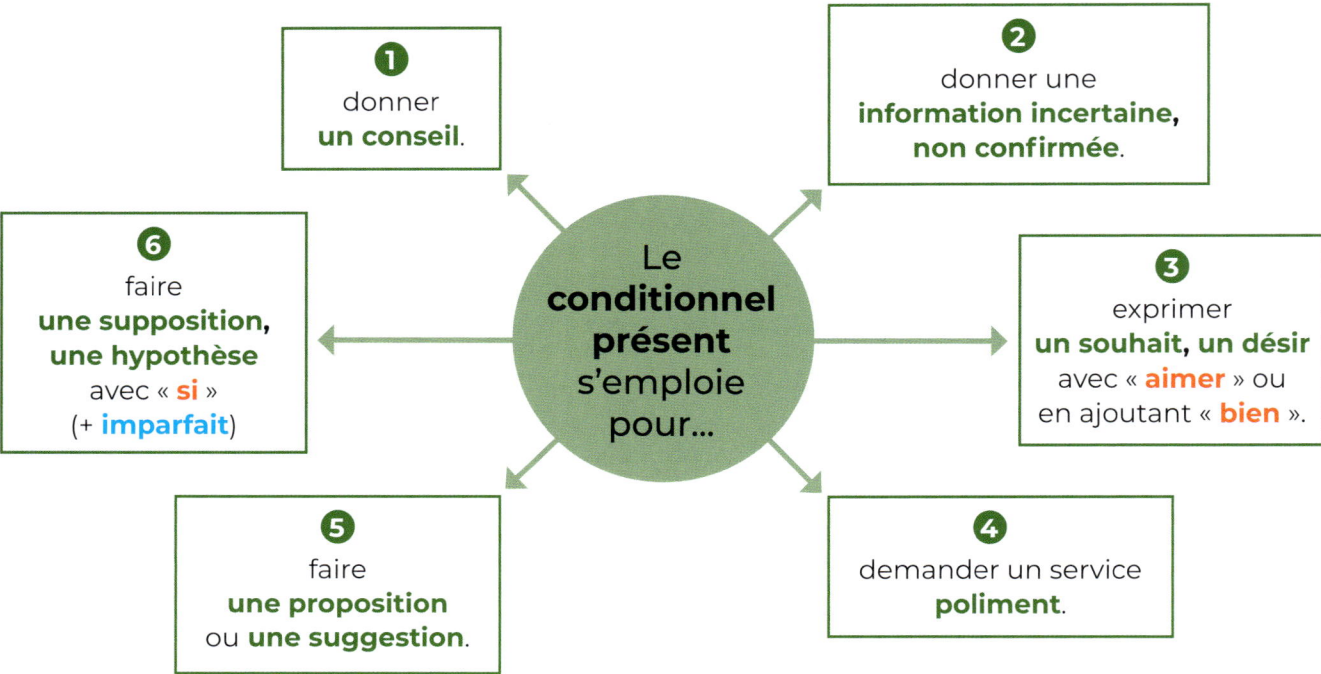

Exemples

❶ Conseil :
À ta place, je **refuserais** cette proposition.

❷ Information incertaine :
D'après la rumeur, elle **serait** très malade.
(mais ce n'est pas vérifié)

Selon les premières informations, le coupable **serait** en fuite.
(mais on ne les a pas encore toutes)

❸ Souhait :
J'**irais bien** au théâtre, ce soir.
J'**aimerais** faire le tour du monde.

❹ Demander un service :
Je **voudrais** une baguette, s'il vous plaît.
= formule de politesse

❺ Suggestion :
Demain, on **pourrait** faire les soldes si tu veux.

Ça te **dirait** d'aller au théâtre ?
= tu as envie

❻ Hypothèse :
Nous **irions** à la plage, s'il **faisait** beau.
condition

Si tu t'**entraînais**, tu **pourrais** gagner.
condition

L'hypothèse ➡ p. 188

LES MODES

Le conditionnel passé

Construction

Conditionnel passé = **« avoir » ou « être » au conditionnel présent** + **participe passé du verbe**

« Venir » au conditionnel passé

Je > serais > venu

« être » au conditionnel présent / participe passé

Exemples

Tu **aurais voulu**.
Je me **serais réveillé**.

Nous **aurions dansé**.
Ils **seraient partis**.

Emplois

• Le conditionnel indique le regret ou l'incertitude pour un fait passé.

Le conditionnel passé s'emploie pour...

❶ parler d'une **action qui précède une autre action** exprimée au conditionnel présent.

❷ parler d'une **information incertaine, non confirmée**, située dans le passé.

❸ exprimer **un regret**.

❹ exprimer **un reproche**.

❺ faire **une hypothèse** située dans le passé avec « **si** » (+ **plus-que-parfait**).

Exemples

1 **Chronologie :** Ils ont dit qu'ils nous **donneraient** les résultats dès qu'ils [action 2] les **auraient reçus**. [action 1]

2 **Information incertaine :**
D'après la rumeur, elle **se serait évanouie** au travail.
Selon les premières informations, la tempête **n'aurait pas fait** de victimes.

3 **Regret :**
J'**aurais aimé** faire le tour du monde.
(mais je ne l'ai pas fait)
Je **n'aurais pas dû** faire le tour du monde.
(mais je l'ai fait)

4 **Reproche :**
Tu **aurais pu** me prévenir avant de venir.
Ils **auraient dû** faire le ménage !

5 **Hypothèse dans le passé :**
Si on **était partis** plus tôt, on **aurait évité**
condition
les embouteillages.

L'hypothèse ➡ p. 188

Le conditionnel (présent ou passé) s'emploie aussi pour exprimer le **futur dans le discours rapporté au passé**.

Exemple

« Il **viendra**. » ⟫ J'ai dit qu'il **viendrait**.

Le discours rapporté au passé ➡ p. 166

LES MODES

Le subjonctif présent

• Le subjonctif présent s'emploie **après certains verbes et certaines expressions suivis de « que »**, (quand le sujet n'est pas celui de la principale). L'action qu'il exprime peut se passer **en même temps ou après** l'action du verbe principal.

Exemples

Je doute que Jerôme **soit** heureux. (maintenant)
sujet de « douter »   sujet d'« être »

Tu as hâte que nous **déménagions**. (bientôt, plus tard)
sujet d'« avoir »   sujet de « déménager »

Construction

• Le subjonctif présent se forme à partir du radical du présent de l'indicatif à la 3ᵉ personne du pluriel.

agir : 3ᵉ personne du pluriel à l'indicatif présent : ils **agiss**ent

subjonctif présent

que j' agiss e
        radical terminaison

que tu agiss es

qu' il/elle/on agiss e

que nous agiss ions

que vous agiss iez

qu' ils/elles agiss ent

137

> **Exemples**

Ils/Elles cour**ent**	⟫ que je cour**e**	
Ils/Elles dorm**ent**	⟫ que tu dorm**es**	terminaisons du présent au 1er groupe
Ils/Elles pleur**ent**	⟫ qu'on pleur**e**	
Ils/Elles part**ent**	⟫ que nous part**ions**	terminaisons de l'imparfait
Ils/Elles souri**ent**	⟫ que vous souri**iez**	
Ils/Elles veill**ent**	⟫ qu'elles veill**ent**	terminaison du présent au 1er groupe

Lorsque le radical du verbe conjugué au présent à « nous » et « vous » est différent de celui d'« ils/elles », on emploie celui de **« nous »** et **« vous »** pour former le subjonctif de ces deux personnes.

> **Exemples**

Ils achètent ⟫ que j'**achèt**e   Ils viennent ⟫ qu'on **vienn**e
≠   ≠
Nous achetons ⟫ que nous **achet**ions.   Nous venons ⟫ que vous **veni**ez

Verbes irréguliers au subjonctif

• Certains verbes ont **un radical irrégulier**. Leurs terminaisons sont régulières.

faire ➡ **fass-**   pouvoir ➡ **puiss-**   savoir ➡ **sach-**

> **Exemples**

Pourvu que je **puisse** déménager.
J'aimerais que tu **fasses** ton lit.
Il faut qu'elle **sache** se débrouiller.
Elle doute que nous **sachions** conduire.
Je ne crois que vous **puissiez** passer.
Nous voulons qu'ils **fassent** la cuisine.

LES MODES

- Certains verbes ont **deux radicaux**. Les terminaisons d'« **être** » et d'« **avoir** » sont en plus irrégulières.

		être	avoir	aller	vouloir
que	je/j'	sois	aie	aille	veuille
	tu	sois	aies	ailles	veuilles
qu'	il/elle/on	soit	ait	aille	veuille
que	nous	soyons	ayons	allions	voulions
	vous	soyez	ayez	alliez	vouliez
qu'	ils/elles	soient	aient	aillent	veuillent

> **Exemples**
>
> Que je **sois** d'accord ou non, le contrat sera signé.
> Que tu **aies** tort, c'est l'évidence.
> Je me lèverai tôt, que nous **allions** au marché ou non.
> Je comprends qu'elles **veuillent** rentrer tôt.

Les subjonctifs présents des 1re, 2e, 3e personnes du singulier et de la 3e du pluriel ont la même prononciation, sauf dans le verbe « avoir » :

dorme = dormes = dorment   sois = soit = soient   aie/aies ≠ ait/aient
      [dɔʀm]   [swa]   [e]   [ɛ]

Le subjonctif passé

- Le subjonctif passé s'utilise après des verbes ou des expressions suivis de « **que** » (quand le sujet n'est pas celui du verbe principal). L'**action** qu'il exprime se passe **avant** l'action du verbe de la proposition principale.

Subjonctif passé = « **avoir** » ou « **être** » au **subjonctif présent** + **participe passé du verbe**

« venir » au subjonctif passé

que je sois venu(e)

auxiliaire « être »   participe
au **subjonctif**   passé
présent   du verbe

> **Exemples**

Je regrette que tu **aies acheté** une si petite table.
   indicatif   antériorité
   présent   = subjonctif passé

Avoir ⟫ que nous **ayons eu**.
Être ⟫ qu'elle **ait été**.
Se réveiller ⟫ que vous vous **soyez réveillés**.
Partir ⟫ qu'elles **soient parties**.

Indicatif ou subjonctif ?

- En fonction du degré de certitude ou de réalisation, on utilise soit le subjonctif, soit l'indicatif dans la proposition subordonnée.

> **Exemples**

Je préfère qu'ils **soient** absents. (souhait, c'est incertain)   Je crois qu'ils **sont** absents. (quasi-certitude)
                  subjonctif   indicatif

Verbes et expressions toujours suivis du subjonctif

- **Les tournures et les verbes impersonnels** sont suivis du subjonctif.

        « Il est / C'est » + adjectif ⎤
            « Il vaut mieux »   ⎬ + « que » + **subjonctif**
             « Il se peut »   ⎦

> **Exemples**

C'est dommage que tu ne **puisses** pas venir.
Il est impossible qu'il **se soit égaré**.

Les tournures impersonnelles qui expriment la certitude ou une **forte probabilité** sont suivis de l'**indicatif**.

> **Exemples**

Il est très probable que nous **aurons** du retard.
C'est évident qu'ils **sont déçus** de sa réaction.

LES MODES

- Le subjonctif s'emploie pour exprimer **une obligation, une nécessité**.

> « Il faut/faudrait que », « Il est nécessaire que » + **subjonctif**

Exemples

Il faut/faudrait que tu **sois rentré** avant minuit.
Il est nécessaire que nous **ayons** des gants pour utiliser ce produit.

- Le subjonctif s'emploie pour exprimer ce qui est subjectif.

Émotion, sentiment

Appréciation, jugement

+ « que » + **subjonctif**

Exemples

Il regrette que ses paroles vous **aient blessés**.
Je suis fière que mon fils **ait réussi** son concours.
Ils n'apprécient pas que tu **viennes** sans prévenir.
Vous vous étonnez qu'il **ait neigé** en avril.

- Il s'emploie aussi pour ce que l'on souhaite.

Souhait, désir, volonté

Attente

+ « que » + **subjonctif**

Exemples

J'ai hâte qu'elle me **rende** visite.
Je ne veux pas que tu **prennes** la voiture.
Vous n'attendez pas qu'il **revienne/soit revenu**.
Tu t'attendais à ce qu'il **s'endorme** vite.

- S'il y a un seul sujet, on utilise l'infinitif (présent ou passé).

Il a peur de **ne pas réussir**.
sujet d'« avoir peur » et de « ne pas réussir »

Elle est vraiment furieuse de **s'être trompée**.
sujet d'« être » et de « se tromper »

- Si les sujets sont différents, on utilise le subjonctif (présent ou passé).

Il a peur qu'elle **ne réussisse pas**.
sujet 1   sujet 2

Elle est vraiment furieuse qu'il **se soit trompé**.
sujet 1   sujet 2

Verbes et expressions suivis soit du subjonctif, soit de l'indicatif

- Les verbes d'opinion (« penser », « croire »...) sont suivis soit de l'indicatif, soit du subjonctif. L'indicatif exprime une quasi-certitude, le subjonctif un doute.

Doute : subjonctif	≠	Quasi-certitude : indicatif
Je ne crois pas que tu **te sois trompé**. verbe d'opinion subjonctif passé à la forme négative (= mais je ne suis pas sûr)		**Je crois** que tu **ne t'es pas trompé**. passé composé = **Je ne crois pas** que tu **t'es trompé**. (= je suis presque sûr que tu as raison)
Je ne pense pas que les voleurs **soient passés** par la fenêtre. (= mais je ne suis pas sûr, peut-être que si, je ne sais pas)		**Je pense** que les voleurs ne **sont** pas **passés** par la fenêtre. = **Je ne pense pas** que les voleurs **sont passés** par la fenêtre.

Dans les questions avec inversion, les deux modes sont possibles.

Pensez-vous que les voleurs { **soient passés** / **sont passés** } par la fenêtre ?

- Le subjonctif exprime le doute ou l'incertitude après des verbes comme « douter ». L'indicatif exprime une certitude, une réalité.

Doute ou incertitude : subjonctif	≠	Réalité ou certitude : indicatif

Je doute que tu **aies** beaucoup **travaillé** pour en arriver là.
Cela ne prouve pas que l'accusé **mente**.
Il est faux que nous **rencontrions** encore des difficultés.

Je ne doute pas/Je suis sûr qu'elle **a** raison.
Cela **prouve** que l'accusé **ment**.
Il est vrai que nous **avons rencontré** des difficultés l'année dernière.

- On emploie le subjonctif pour ce qui est possible, l'indicatif pour ce qui est probable (= quasi certain).

Possibilité : subjonctif	≠	Probabilité : indicatif

Il est possible que tu **aies oublié** d'ajouter du sucre.
Il est peu probable qu'il **prenne** des vacances avant Noël.
Il y a des chances (pour) qu'il **fasse** beau.
_{possibilité désirée}
Les risques qu'un avion **ait** un accident
_{possibilité redoutée}
sont faibles.

Il est probable qu'il **prendra** des vacances à Noël.

- On emploie le subjonctif pour ce que l'on redoute et l'indicatif pour ce que l'on espère.

Crainte : subjonctif	≠	Espoir : indicatif

Je crains que tu **sois** malade.
Il a peur que son entreprise **fasse** faillite.
Tu redoutes qu'il **pleuve**.

J'espère que tu **es guéri**.
Espérons que tout **ira** bien !

- « Avant que » s'emploie avec le subjonctif, mais « après que » s'emploie avec l'indicatif.

avant que + subjonctif	≠	après que + indicatif

Organise une fête avant qu'il **parte**.
Il est arrivé avant que nous **ayons terminé**.

Organise une fête après qu'il **sera parti**.
Il est arrivé après que nous **avions terminé**.

Le gérondif

Construction

- Le gérondif est formé de la **préposition « en » + participe présent**. Il est **invariable**.

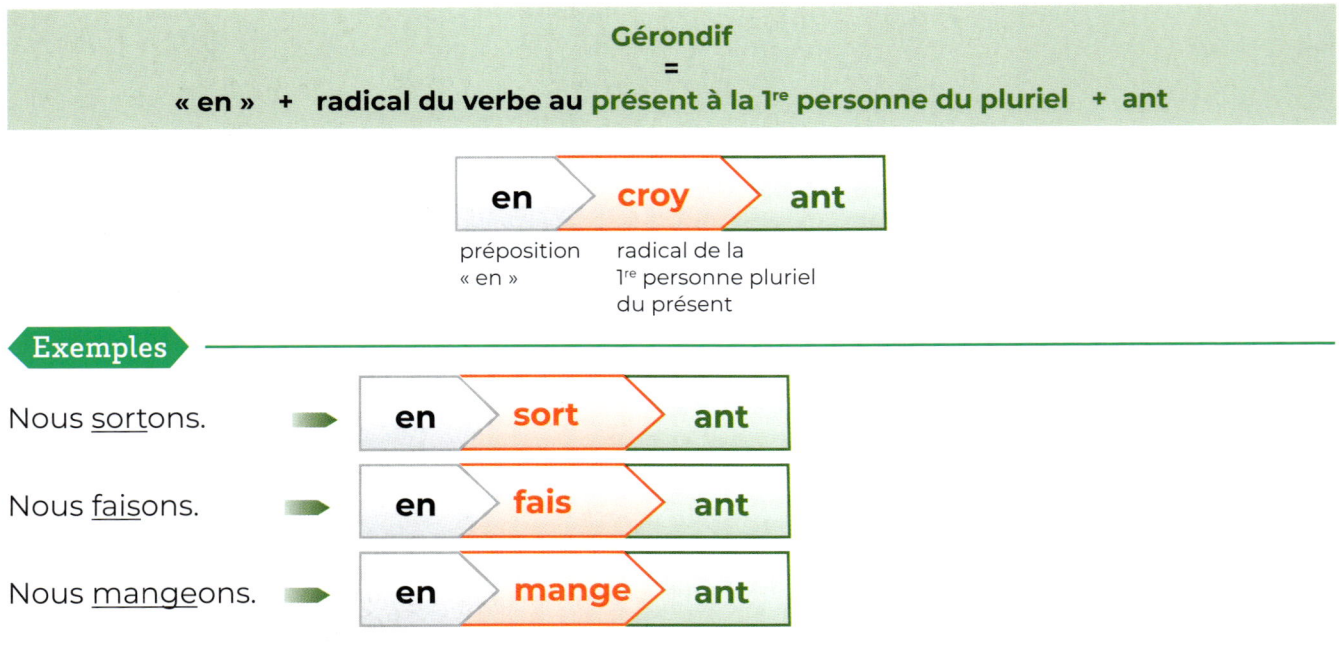

Verbes irréguliers au gérondif

Être : **en étant**   Avoir : **en ayant**   Savoir : **en sachant**

Exemples

En étant studieux, on réussit.
En **n'**étant **pas** studieux, on ne réussit pas.

LES MODES

Emplois

- Le gérondif se rapporte au sujet de la phrase. Il sert à préciser une circonstance.

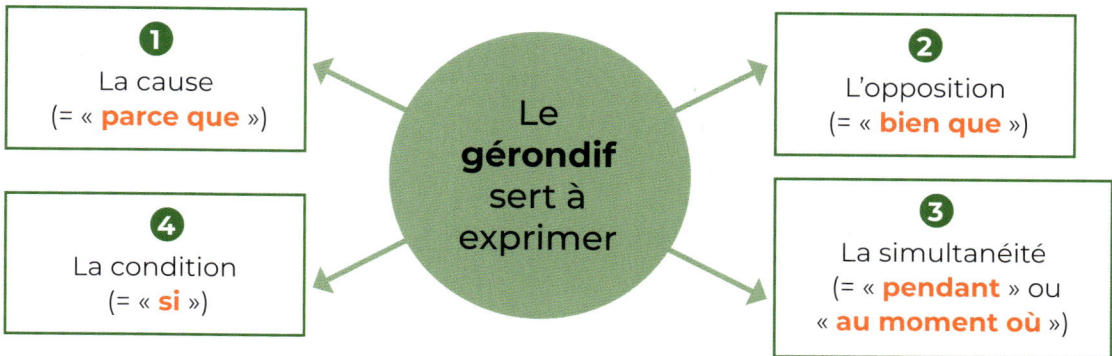

❶ La cause (= « **parce que** »)

❷ L'opposition (= « **bien que** »)

❸ La simultanéité (= « **pendant** » ou « **au moment où** »)

❹ La condition (= « **si** »)

Le **gérondif** sert à exprimer

Exemples

❶ **Cause :** J'ai pris froid **en sortant** sans manteau.
(= **parce que** je suis sorti sans manteau)

❷ **Opposition :** Elle est malheureuse tout **en étant** très riche.
(= **bien qu'**elle soit très riche)

❸ **Simultanéité :** Il regarde la télévision **(tout) en mangeant**.
(= **pendant qu'**il mange)

En allant au travail, elle a rencontré son amie d'enfance.
(= **Au moment où** elle allait au travail)

❹ **Condition : En faisant** du sport tous les jours, vous perdrez du poids.
(= **Si** vous faites du sport)

Le gérondif se rapporte toujours au sujet. Dans les autres cas, on emploie le participe présent.

Exemples

Je pense à Julie **en faisant** du sport. (= Je pense à Julie, en même temps je fais du sport)
sujet

Je pense à **Julie faisant** du sport. (= Je pense à Julie qui fait du sport)
sujet

PARTIE 7
LA PHRASE

32 L'INTERROGATION
Les trois types d'interrogation

• L'interrogation sert à obtenir des informations. Les questions sont construites en fonction du **registre de langue**. On peut poser des questions fermées (réponse par oui ou non) ou des questions ouvertes (plusieurs réponses possibles).

Par intonation

• L'interrogation **par intonation seule** est employée dans le **langage familier**.

– **Questions fermées :**

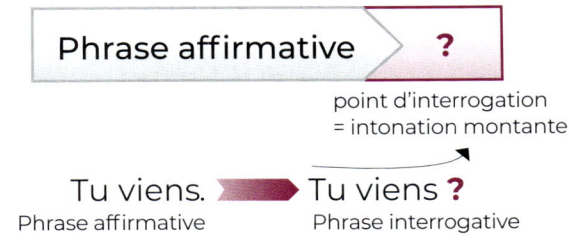

– **Questions ouvertes :**

Avec une **question fermée négative**, la réponse est « si » au lieu de « oui ».

Exemple
– Tu **ne** travailles **pas** le lundi ? – **Si**, je travaille le lundi.

L'INTERROGATION

« Est-ce que… ? »

- L'interrogation avec **« est-ce que… ? »** est employée dans le **langage courant**.

Questions fermées :

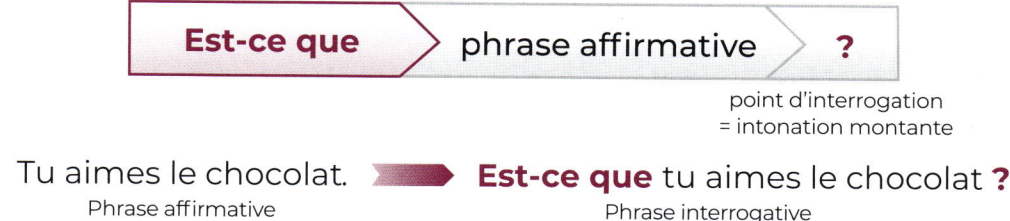

Tu aimes le chocolat. ➡ **Est-ce que** tu aimes le chocolat **?**
Phrase affirmative   Phrase interrogative

Par inversion

- L'interrogation **par inversion** est employée dans **le langage soutenu**.

– Questions fermées :

Vous parlez français. ➡ **Parlez-vous** français ?
Phrase affirmative   Phrase interrogative

Elle parle français. ➡ **Parle-t-elle** français ?
Phrase affirmative   Phrase interrogative

– Questions ouvertes :

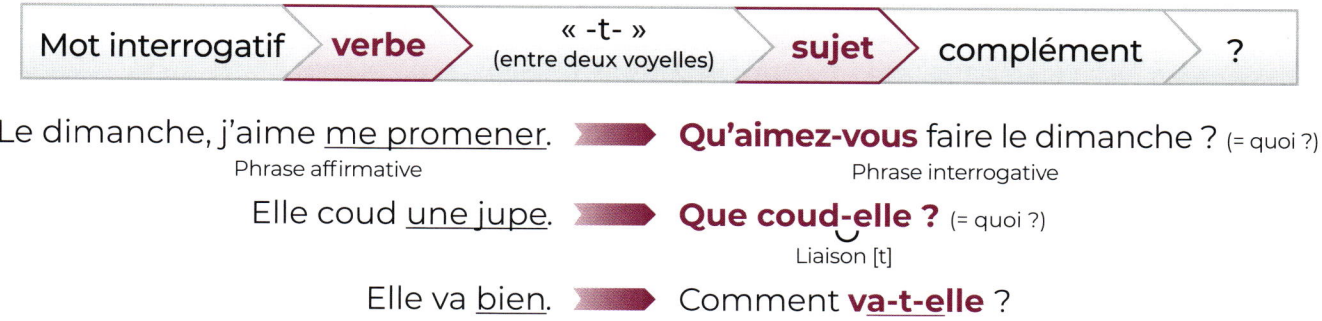

Le dimanche, j'aime me promener. ➡ **Qu'aimez-vous** faire le dimanche ? (= quoi ?)
Phrase affirmative   Phrase interrogative

Elle coud une jupe. ➡ **Que coud-elle ?** (= quoi ?)
     Liaison [t]

Elle va bien. ➡ Comment **va-t-elle** ?

- L'inversion sujet-verbe ne peut se faire qu'avec le **pronom personnel sujet**.

Exemple

Le <u>directeur</u> est-**il** là ? (= sujet repris par « il »)

- Dans les temps composés, l'inversion se fait entre l'**auxiliaire** (« être » ou « avoir ») et le sujet.

Exemple

Quand **êtes-vous allés** en France ?

- Dans les verbes pronominaux, le **pronom réfléchi** se place avant le **verbe**.

Exemples

Comment **vous** appelez-vous ?
Quand **se** sont-ils rencontrés ?

Les mots interrogatifs

- « **Qui** » interroge sur une personne.

– **Qui** est là ? – Pierre. (« qui » = sujet)
Toujours au début de la question.

– Tu préfères **qui** ? / **Qui** préfères-tu ? – (Je préfère) la prof de maths.
(« qui » = complément d'objet direct)

– Tu travailles **avec qui** ? / **Avec qui** travailles-tu ? – Avec Mme Lebrun.
préposition + « qui »

- « **Quoi** » interroge sur une chose ou une notion.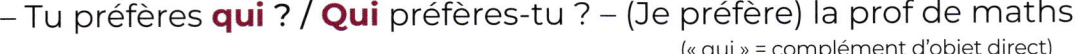
Il est toujours complément d'objet.

– Vous prenez **quoi** ? – Un café, s'il vous plaît. (« quoi » = complément d'objet direct)
dernier mot

– **Que** voulez-vous ? – Un jus d'orange, s'il vous plaît. (« que » = complément d'objet direct)
1er mot

– Vous pensez **à quoi** ? **À quoi** pensez-vous ? – Aux vacances.
préposition   2e mot   (« quoi » = complément d'objet indirect)
+ « quoi »

- « **Où** » interroge sur le lieu.

– **Où** vis-tu ? – (Je vis) <u>À Toulouse</u>. (= lieu où on est)

– Tu pars **où** ? – <u>En Espagne</u>. (= lieu où on va)

– Tu reviens **d'où** ? – <u>Du supermarché</u>. (= origine, provenance)

L'INTERROGATION

- « **Quand** » interroge sur le moment, la date ou l'horaire.

  – **Quand** arriveras-tu ? – <u>Demain, à 18 heures</u>.
  complément de temps

  – Ils rentrent de vacances **quand** ? – <u>Le 30 août</u>.
  date

  – **Jusqu'à quand** puis-je postuler ? – <u>Jusqu'au 10 mai</u>.
  date

- « **Comment** » interroge sur la manière.

  – Tu vas **comment** ? / **Comment** vas-tu ?
  – Je vais <u>bien</u>, merci !
  complément de manière

  – **Comment** on entrera ? – <u>Je viendrai vous chercher à la porte</u>.
  phrase complète qui ne reprend pas la question

- « **Pourquoi** » interroge sur la cause.

  – **Pourquoi** tu fais ça ? / **Pourquoi** fais-tu ça ?
  – <u>Parce que</u> j'en ai envie.
  subordonnée de cause

- « **Combien** » interroge sur la quantité ou sur la durée.

  – **Combien d'**<u>abricots</u> faut-il ?
  « de » + complément

  – <u>Une dizaine / 700 grammes</u> (d'abricots).
  expression de quantité

  – **Combien** tu <u>en</u> veux ? – <u>Trois ou quatre</u>.
  nombre/quantité

  – **Combien de temps** restes-tu en France ? – <u>Trois mois</u>.
  durée

- « **Quel(s)** », « **quelle(s)** » est un adjectif, il s'accorde avec le nom.
Il demande une précision sur le mot qui le suit et ne s'emploie jamais seul.

  – Vous avez invité **quels amis** ? – <u>Mes amis</u> d'enfance.
  liaison [z]

  – **Quel âge** avez-vous ? – <u>33 ans</u>.
  âge

  – <u>**À quelle heure**</u> tu arrives ? – <u>À 18 heures</u>.
  préposition + « quelle »   horaire

Pour interroger sur l'identité d'une personne ou d'une chose, on peut employer la tournure « quel » + verbe « **être** » + ... ? (langage soutenu, courant et familier)

Exemple

Quel est votre nom ?

- « **Lequel/Lesquels/Laquelle/Lesquelles ?** » sert à poser une question sur quelqu'un ou quelque chose dont on a déjà parlé.

Exemples

Regarde ces deux hommes : **lequel** est le père et **lequel** est le fils ?

De toutes les maisons que tu as visitées, **laquelle** tu préfères ?

Cas particulier

- On peut renforcer la question en employant à la fois **« est-ce que »** et **un mot interrogatif**.

Questions ouvertes :

Mot interrogatif › « est-ce que » › phrase affirmative › ?

Tu aimes le chocolat. ➤ **Qu'est-ce que** tu aimes ? (= quoi)

Tu vas bien. ➤ **Comment est-ce que** tu vas ?

Il rentre demain. ➤ **Quand est-ce qu'**il rentre ?
liaison [t]

Lorsque le mot interrogatif « qui ? » est le sujet du verbe, « est-ce que » devient « **est-ce qui** ».

Exemples

Qui a cassé le pot de fleur ?

Qui est-ce **qui** a cassé le pot de fleur ? (= insistance)
sujet

33 L'EXCLAMATION

L'exclamation

- L'exclamation sert à exprimer différents sentiments comme la surprise, l'admiration, la joie, le découragement, le regret, la colère. Plusieurs constructions sont possibles.

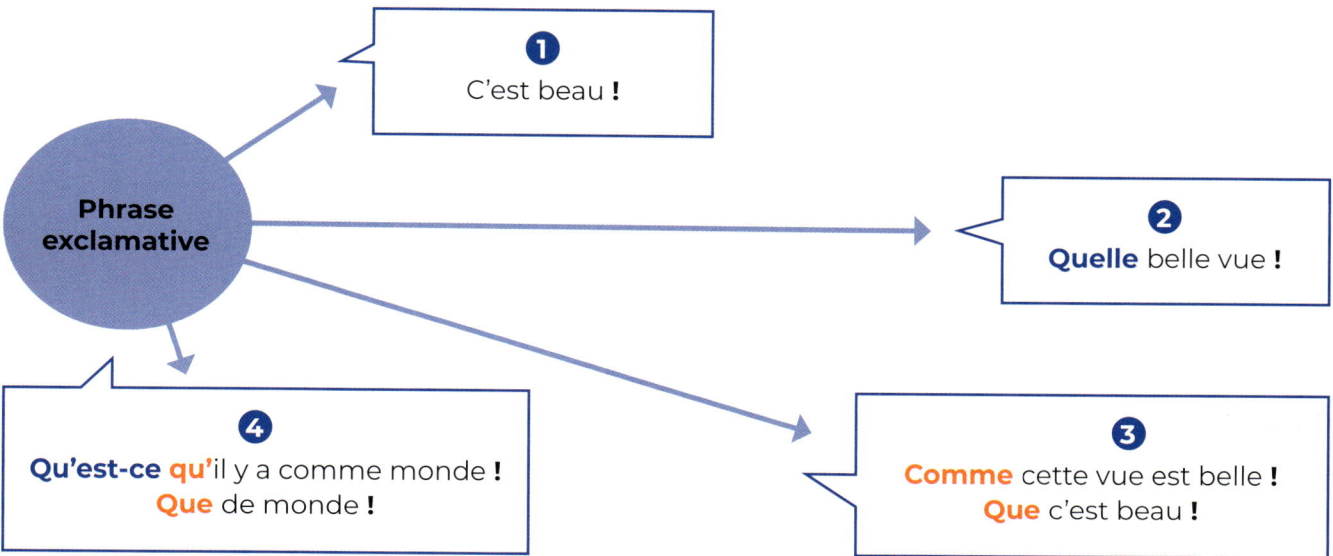

Exemples

❶ On utilise une intonation montante et très expressive.

C'est beau.   C'est beau !

(= intonation descendante)   (= intonation **montante**)

❷ On emploie « quel(s) / quelle(s) » avec un nom, sans verbe.

Quelle <u>belle</u> vue !
       adjectif   point d'exclamation

❸ « Que », « qu'est-ce que » et « comme » renforcent l'exclamation. Ils se placent au début de la phrase.

Que <u>cette vue est belle</u> !
      phrase affirmative

Qu'est-ce que ce paysage est beau !
Comme c'est beau !

❹ Avec « il y a », on ajoute « comme » dans le langage familier. On peut aussi employer « que de » à la place.

Qu'est-ce qu'<u>il y a **comme**</u> monde !

Que de monde !
langage soutenu

34 LA NÉGATION

La négation simple

- La négation exprime le contraire d'une phrase affirmative. « Ne » et « pas » encadrent le verbe aux temps simples.

| sujet | « ne/n' » | verbe | « pas » | (« de ») | complément. |

Exemples

J'aime le chocolat. ➡ Je **n'**aime **pas** le chocolat.
C'est beau. ➡ Ce **n'**est **pas** beau.

- Pour nier une quantité indéterminée, on emploie soit un complément avec « de », soit « en ».

Exemples

Je <u>ne</u> veux **pas de crêpes** mais **du chocolat**.
Je <u>n'en</u> veux **pas**.

- À l'oral, on omet souvent « ne/n' ».

Exemple

J'Ø aime pas le chocolat.   Elle Ø est jamais là.
(= je n'aime pas)   (= elle n'est jamais)

- Aux temps composés, « ne » et « pas » encadrent **l'auxiliaire**.

| sujet | « ne/n' » | auxiliaire (« être » ou « avoir ») | « pas » | participe passé | (« de ») | complément |

Exemples

Je **n'**ai **pas** aimé le film.
Je **ne** <u>me</u> suis **pas** couchée tard hier soir.
    pronom réfléchi

LA NÉGATION

« Ni... ni »

• **« Ni... ni »** sert à enchaîner **deux négations**, qui peuvent porter sur deux sujets ou deux compléments. Dans ce cas, « pas » n'est pas employé.

Exemples

« Ni » peut aussi ajouter une deuxième négation après une première négation « ne … pas ». Il est alors précédé d'une **virgule**.

Exemple

Je **n'**aime pas les fraises, **ni** le chocolat.

Les autres négations

• **Ne... jamais** ≠ toujours, souvent, quelquefois

Il **ne** se lève **jamais** à 7 heures, il se lève <u>toujours</u> à 6 heures.
– Tu vas <u>souvent</u> au cinéma ? – Je **ne** vais **jamais** au cinéma.

• **Ne... plus** ≠ encore, toujours (on ne prononce pas le « s » final)

– Elle est <u>encore</u> en vacances ? – Non, elle **n'**est **plus** en vacances.
– Il fume <u>toujours</u> ? (= encore) – Non, il **ne** fume **plus**.

• Déjà ≠ ne... pas encore / ne... toujours pas
Exemples

– Les invités sont **déjà** arrivés ? – Non, ils **ne** sont **pas encore** arrivés.
Elle **n'**est **toujours pas** là, elle a beaucoup de retard.

- **Ne... (à) personne / Personne... ne** ≠ quelqu'un, tout le monde

  Je **ne** connais **personne**. Tu connais **quelqu'un**, toi ?
  Je **ne** parle **à personne**. Mais ma sœur, elle, parle à **tout le monde**.
  Personne ne me connaît.

- **Ne... (à) rien / Rien... ne** ≠ quelque chose, tout

  – **Tout** me plaît, ici. – Moi, je **n'**aime **rien**.
  Je **ne** m'intéresse **à rien**.
  – Veux-tu regarder **quelque chose** à la télé ?
  – Non, **rien ne** m'intéresse.

- **Ne... (d') aucun(e) / aucun(e)... ne + nom** ≠ certain(e)/tou(te)s

  Je **n'**ai **aucun** ami.
  Il **ne** s'occupe **d'aucune** tâche ménagère. (contraire de « quelqu'un » ou « toutes les tâches ménagères »)
  = pas une
  Il **n'**achète **aucun de** ces articles. (= pas un parmi tous ces articles)
  Aucune personne **ne** doit te faire du mal.

- **Ne... nulle part** ≠ quelque part, partout

  – Tu veux aller **quelque part** ? – Non, je **ne** veux aller **nulle part**.
  Il va **partout** en train, il **ne** va **nulle part** en avion.

Associer plusieurs négations

• Les négations peuvent se combiner. « Aucun », « rien » et « personne » se placent après les autres négations.

> **Exemples**

Il **n'**est **plus ni** malade **ni** fatigué.
Je **ne** le ferai **plus jamais** / **jamais plus**.
Je **ne** te ferai **plus aucun** reproche / **jamais aucun** reproche.
Il **ne** fait **plus jamais aucun** cadeau.
Il **ne** mange **plus rien** / **jamais rien**.
Il **ne** voit **plus personne** / **jamais personne**.

« Personne » est toujours en début de phrase, avant les autres négations, quand il est sujet.
Exemple
Personne n'a **rien** vu.

LA NÉGATION

Expressions courantes avec « non » et « pas »

Non	Pas
Je <u>ne</u> dis <u>pas</u> **non**. (= Je dis oui.)	
	Pas du tout. **Certainement/Absolument pas.** – Tu viens ? – **Pas question.**
Tu viens **ou non** ?	Tu viens **ou pas** ? (familier)
C'est bon, **non** ?	C'est bon, **n'est-ce pas** ?
– Tu aimes le chocolat ? **Moi, non.**	– Tu aimes le chocolat ? **Moi, pas.** (familier)
– Je n'aime pas le chocolat. – **Moi non plus**, je n'aime pas le chocolat.	
Il a choisi le mien **et non le tien**.	Il a choisi le mien **et pas le tien**. (familier)
	Un hôtel **pas cher**. (familier = bon marché)
	Il **n**'a **même pas** appelé.

- Attention au sens de deux expressions avec « pas » :

Ce n'est **pas rien**. = C'est **quelque chose (d'important)**.
Ce n'est **pas mal**. = C'est (plutôt) **bien/bon**.

- « Ne… que » signifie **« seulement »**.

Exemples

Je **ne** parle **que** français.
Il **n'**a **pas** fait **que** pleurer. (= Il a aussi chanté, etc.)

35 « IL Y A »

- « Il y a » sert à indiquer la présence d'une personne ou une chose dans un lieu.

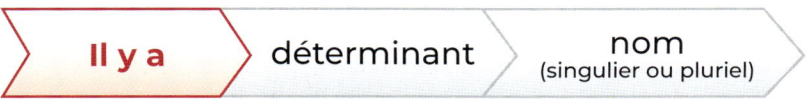

- Tournure négative

- Tournure interrogative

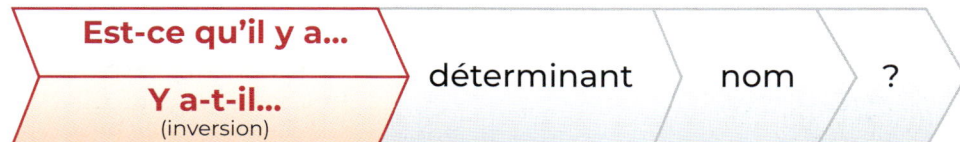

Exemples

Il y a <u>un oiseau</u> dans l'arbre.
déterminant + nom

Il n'y a pas <u>d'oiseau(x)/d'hirondelle(s)</u> dans l'arbre.
    singuriel ou pluriel sans déterminant

Est-ce qu'il y a <u>un oiseau</u> dans l'arbre ?
    déterminant + nom

Il y a <u>des photos</u> sur la table.

Il n'y a pas de photos sur la table.

Y a-t-il des photos sur la table ? (= soutenu)
(inversion sujet-verbe)

- Le verbe « avoir » peut varier en temps.

Exemple

Il **va y avoir** de gros orages en France ce soir.

36 « VOICI/VOILÀ », « IL EST », « C'EST »

- « Voici/Voilà », « il est » et « c'est » sont des tournures courantes pour présenter quelqu'un ou quelque chose.

Voici Julien. **C'est** mon frère. **Il est** architecte.

« Voici/Voilà »

- On utilise « voici/voilà » pour désigner. « Voici » et « voilà » sont **invariables**.

« **Voici** » désigne quelqu'un ou quelque chose de proche.

« **Voilà** » est employé lorsque la personne ou la chose est plus éloignée.

Voici la clé.
singulier

Voilà Marie et Julien qui arrivent.
pluriel

- Ils peuvent être suivis d'un nom ou d'un pronom.

« Voici »
« Voilà »

+ **Nom propre**
Voici **Julien** !

+ **Déterminant + nom**
Voilà **les clés**.

+ **Pronom possessif**
Tu as oublié tes clés ? Voici **les miennes**.

+ **Pronom démonstratif**
Voilà **celui que** je préfère.

+ **Pronom indéfini** (sauf quantité nulle ou indétermination)
Voilà **quelqu'un** !
Les voici **tous** !
<u>Les</u> voici **tous** !
pronom de reprise
— Je cherche un roman policier.
— <u>En</u> voici **plusieurs**.
pronom   quantité
de reprise   partielle

- Les **pronoms personnels** se placent **devant** « voici » et « voilà ».

Exemples

Nous voilà !
Ton trousseau de clés ? **Le** voici !

Les pronoms indéfinis ➡ **p. 80**

« VOICI/VOILÀ », « IL EST », « C'EST »

« C'est / Ce sont »

• On utilise « c'est » pour identifier une personne, un objet, une date ou un lieu.

« C'est »
« Ce sont »

\+ **Déterminant + nom**
C'est **mon frère**.
C'est **un architecte très connu**.

\+ **Nom propre**
C'est **Julien**.

\+ **Pronom tonique (moi, toi, lui...)**
C'est **lui** !
C'est **moi** qui ai gagné.

\+ **Adverbe**
C'est **ici** !   C'est **demain** !
       lieu   date

• S'il y a plusieurs personnes ou objets, on utilise **« ce sont »**.

C'est mon frère. ➡ **Ce sont** mes frères.
                              pluriel

• La question correspondante est « Qu'est-ce (que c'est) ? » ou « Qui est-ce ? », toujours au **singulier**. À la forme négative, « ne/n'... pas » encadre le verbe « être ».

– **Qu'est-ce que c'est** ? – Ce sont des livres de méditation.
Ce n'est pas un livre. / **Ce ne sont pas** des livres.

• « C'est » peut aussi être suivi d'un **adjectif masculin** pour faire un **commentaire général**.

C'est **beau** !   Ce **n'**est **pas grave** !
   masculin

• Le verbe « être » peut varier en temps.

C'**était** mon dessert préféré quand j'étais enfant.   Ce **sera** le plus beau jour de ma vie.
  imparfait   futur simple

« Il est »

- On utilise « il/elle est », « ils/elles sont » pour décrire une personne ou un objet.

**Il/Elle est
Ils/Elles sont** +

Nom de métier
Il est **architecte**.

+

Adjectif qualificatif
Il est **grand**.
Elles sont **espagnoles**.

- « Il/Elle est » et « Ils/Elles sont » peuvent aussi être suivis d'un **adjectif** pour faire un **commentaire**.

Il est **grand**, ton appartement !   Cueille ces fleurs, elles sont très **belles**.

- « Il est » sert aussi **à donner l'heure ou à préciser le moment**.

Il est **18 heures**.   Il est **tard**, dépêchons-nous.

- Le verbe « être » peut varier en temps.

Il **était** espagnol.
 imparfait

Elles **ont été** professeures de français pendant quinze ans.
   passé composé

- Quand le nom de métier est précisé **par un adjectif**, on emploie **« c'est »** avec l'article indéfini.

Exemples ─────────────────────────────

J'ai un frère. Il est Ø **architecte**.
                nom de métier
                sans déterminant

Je vous présente mon frère. C'est <u>un architecte connu</u>.
                                   article   adjectif
                                   indéfini

162

37 LE DISCOURS RAPPORTÉ

Le discours rapporté au présent

- Le discours rapporté permet de rapporter les paroles de quelqu'un à l'aide d'un verbe de parole suivi d'un mot introducteur.

Discours direct	Discours rapporté
AFFIRMATION	
« Nous partons demain en vacances. »	**dire, répondre, expliquer + que…** Ils **disent qu'**ils partent demain en vacances.
QUESTIONS FERMÉES	
Est-ce que ? « **Est-ce que** tu peux me prêter ton livre ? » « Tu aimes voyager et découvrir de nouvelles cultures ? »	**demander + si… (et si…)** Elle me **demande si** je peux lui prêter mon livre. Elle me **demande si** j'aime voyager et **si** j'aime découvrir de nouvelles cultures.
QUESTIONS OUVERTES	
Qu'est-ce que/qui… ? Où ? Quand ? Comment ? « **Qu'est-ce que** vous faites ? » « **Où** habite-t-elle ? » / « Elle habite **où** ? »	**demander + ce que/ce qui…** **demander + où, quand, comment…** Il me **demande ce que** je fais et **ce qui** se passe. Il me **demande où** elle habite.
ORDRE, CONSEIL, INTERDICTION	
Impératif « Ne m'**attendez** pas ! »	**dire, demander, ordonner + de… + infinitif** Il me **dit de ne pas l'attendre**.

- Avec un **verbe de parole au présent**, les temps ne changent pas, ce sont les mêmes qu'au discours direct, sauf pour **l'impératif** qui devient un **infinitif**.

> **Exemples**

Je dit : « J'**ai** beaucoup **aimé** ce film, je le **recommande**. Tout le monde **devrait** aller le voir ! »
➡ Je dis que j'**ai** beaucoup **aimé** ce film, que je le **recommande** et que tout le monde **devrait** aller le voir !

Elle te dit : « **Ferme** les yeux ! » ➡ Elle te dit **de fermer** les yeux.
              impératif   infinitif

Les personnes

- Il n'y a **pas de changement** de personne quand le **discours direct est à la 3ᵉ personne** (« il/elle/on, ils/elles ») : les pronoms personnels, les pronoms possessifs et les adjectifs possessifs restent les mêmes.

> **Exemples**

Léa affirme : « **Ils se** sont trompés. » ➡ Léa affirme qu'**ils se** sont trompés.
                              pronoms personnels identiques

Tu dis : « Mélanie prend **ses** clés. » ➡ Tu dis que Mélanie prend **ses** clés.
                              adjectifs possessifs identiques

Tu ajoutes : « Zoé prend **les siennes**. » ➡ Tu ajoutes que Zoé prend **les siennes**.
                              pronoms possessifs identiques

- Il n'y a **pas de changement** de personne non plus quand le **verbe de parole est à la 1ʳᵉ personne**.

> **Exemples**

J'affirme : « **Je me suis** trompé. » ➡ J'affirme que **je me suis** trompé.
1ʳᵉ pers.   pas de changement

J'affirme : « **Tu t'es** trompé. » ➡ J'affirme que **tu t'es** trompé.
1ʳᵉ pers.   pas de changement

Je dis : « **Nous prenons** le bus. » ➡ Je dis que **nous prenons** le bus.
1ʳᵉ pers.   pas de changement

Nous disons : « **Nous prenons** le bus. » ➡ Nous disons que **nous prenons** le bus.
1ʳᵉ pers.   pas de changement

Nous disons : « **Vous prenez** le bus. » ➡ Nous disons que **vous prenez** le bus.
1ʳᵉ pers.   pas de changement

LE DISCOURS RAPPORTÉ

- Quand le discours est **à la 1ʳᵉ personne (« je, nous »)**, les changements dépendent de **la personne qui parle** (sujet du verbe de parole).

Exemples

Tu affirmes : « **Je me suis** trompé. » ➡ Tu affirmes que **tu t'es** trompé.
sujet   1ʳᵉ pers. > 2ᵉ pers.

Vous dites : « **Nous prenons** le bus. » ➡ Vous dites que **vous prenez** le bus.
sujet   1ʳᵉ pers. > 2ᵉ pers.

Léa affirme : « **Je me suis** trompée. » ➡ Léa affirme qu'**elle s'est** trompée.
sujet   1ʳᵉ pers. > 3ᵉ pers.

Léa dit : « **Nous prenons** le bus. » ➡ Léa dit qu'**ils/elles prennent** le bus.
sujet   1ʳᵉ pers. > 3ᵉ pers.

- Quand le discours est **à la 2ᵉ personne (« tu, vous »)**, les changements dépendent de **la personne à qui on parle** (COI du verbe de parole).

Exemples

Tu **me** dis : « **Tu t'es** trompé. » ➡ Tu me dis que **je me suis** trompé.
COI   2ᵉ pers. > 1ʳᵉ pers.

Tu **lui** dis : « **Tu t'es** trompé. » ➡ Tu lui dis qu'**il s'est** trompé.
COI   2ᵉ pers. > 3ᵉ pers.

Tu **nous** dis : « **Vous vous êtes** trompés. » ➡ Tu nous dis que **nous nous sommes** trompés.
COI   2ᵉ pers. > 1ʳᵉ pers.

Le discours rapporté au passé

• Avec un verbe de parole (dire…) au passé, on emploie les mêmes constructions qu'avec un verbe au présent, mais les temps changent.

Discours direct	Discours rapporté au passé
Présent et imparfait « Nous **partons** demain en vacances. » « L'année dernière, à la même période, nous **partions** en vacances. »	**Imparfait** Ils ont dit qu'ils **partaient** demain/le lendemain en vacances. Ils ont raconté que l'année dernière/d'avant, à la même période, ils **partaient** en vacances.
Passé composé et plus-que-parfait « Nous **sommes partis** en vacances il y a trois semaines au même endroit où nous **étions allés** l'année dernière. »	**Plus-que-parfait** Ils ont répondu qu'ils **étaient partis** en vacances il y a trois semaines au même endroit où ils **étaient partis** l'année dernière/d'avant.
Futur simple et conditionnel présent « Nous **partirons** lundi en vacances. » « Nous **aimerions** partir en vacances bientôt. »	**Conditionnel présent** Ils annoncèrent qu'ils **partiraient lundi** en vacances. Ils expliquaient qu'ils **aimeraient** partir en vacances bientôt.
Futur antérieur et conditionnel passé « Nous **aurons terminé** de préparer les bagages avant la nuit. » « Nous **aurions aimé** partir en vacances. »	**Conditionnel passé** Ils ont précisé qu'ils **auraient terminé** de préparer les bagages avant la nuit. Ils dirent qu'ils **auraient aimé** partir en vacances.
Subjonctif présent « Il faut que vous **terminiez** de préparer vos bagages avant de partir. »	**Subjonctif présent** Elle a affirmé qu'il **fallait** qu'ils **terminent** de préparer leurs bagages avant de partir.
Subjonctif passé « Il faut que vous **ayez terminé** de préparer vos bagages pour pouvoir partir. »	**Subjonctif passé** Elle a rappelé qu'il **fallait** qu'ils **aient terminé** de préparer leurs bagages pour pouvoir partir.

LE DISCOURS RAPPORTÉ

Comme au présent, avec un verbe de parole au passé, l'impératif devient un infinitif.

Exemples

Elle t'a ordonné : « **Ferme** les yeux ! »
➡ Elle t'a ordonné **de fermer** les yeux.

• Le verbe de parole peut également être conjugué au passé simple, à l'imparfait ou au plus-que-parfait.

Exemples

L'accusé **avoua** que ses complices l'avaient aidé à s'enfuir.
       passé simple

Nos ancêtres **croyaient** que la Terre était plate.
       imparfait

Les voisins sont encore là ? Pourtant, ils **avaient dit** qu'ils partiraient en vacances en juillet !
       plus-que-parfait

• Au discours rapporté, certains indicateurs de temps changent.

Exemples

Elle m'a assuré : « Je viendrai demain. » ➡ Elle m'a assuré qu'elle viendrait **le lendemain**.

J'expliquais : « On a commencé les travaux il y a un an, ils seront finis le mois prochain. »
➡ J'expliquais qu'on avait commencé les travaux **un an plus tôt** et qu'ils seraient finis **le mois suivant**.

La chronologie par rapport au passé ➡ **p. 53**

PARTIE 8
LES RELATIONS LOGIQUES

38 L'OPPOSITION

- Les **expressions d'opposition** permettent de mettre en relation deux éléments indépendants.

> **Exemple**

Il est malade, (et) **pourtant** il va travailler.

L'opposition exprimée par la coordination

- On peut utiliser des **adverbes** ou des **conjonctions de coordination** pour exprimer l'opposition.

mais = pourtant, cependant (soutenu)　　au contraire
en fait (= mais en réalité)　　à l'opposé
par contre (courant) = en revanche (soutenu)　　inversement

> **Exemples**

Il est toujours souriant **mais** il n'est pas heureux.
Je ne suis pas libre demain, **en revanche** je peux venir mardi.
　　　　　　　　　　　　　　　　　　　　　≠ « demain »

L'opposition exprimée par une subordonnée

- On peut aussi employer des **conjonctions** suivies de l'indicatif.

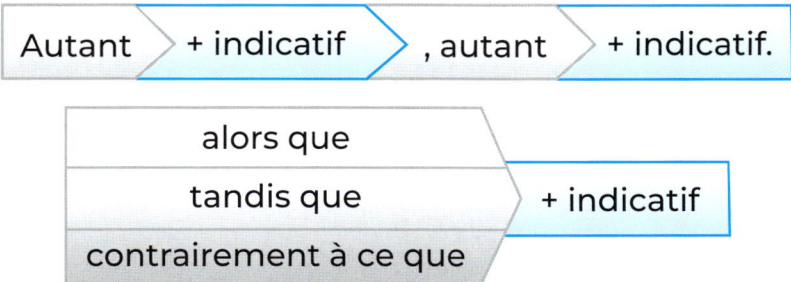

> **Exemples**

Autant il **aime** la montagne, **autant** il **déteste** la mer.
　　　≠ « la montagne »
Il va travailler **alors qu**'il n'**est** pas guéri.
　　　　　　　　　　opposé à « va travailler »
Il aime la montagne **tandis qu**'il **déteste** la mer.

L'OPPOSITION

L'opposition exprimée par une préposition

- On peut aussi introduire une opposition à l'aide d'une **préposition** suivie d'un nom ou d'un pronom.

à la place de   à l'inverse de
à l'opposé de   contrairement à

Exemple

Contrairement à <u>lui</u>, j'aime beaucoup la mer.
               pronom

- « Au lieu de » peut être suivi soit d'un **nom** ou d'un **pronom**, soit d'un **infinitif**.

Exemples

Mets un short **au lieu d'**<u>un pantalon</u>.
                    nom

Il a veillé tard **au lieu de se coucher** <u>tôt</u>.
                infinitif   ≠ « tard »

L'opposition exprimée par un gérondif

- Enfin, le **gérondif** peut aussi exprimer une opposition.

Exemple

Tout en aimant la montagne, il apprécie la <u>mer</u>.
                                       ≠ « montagne »

39 LA CONCESSION

• Les expressions de la concession mettent en relation deux éléments qui devraient normalement s'opposer.

Exemples

Il pleut et il fait froid, je me promène **malgré tout**. (On s'attend à ce que la pluie et le froid me fassent rester chez moi.)

Tu as échoué à l'examen, **toutefois**, tu ne dois pas perdre courage. (Il serait logique que l'échec te décourage.)

La concession exprimée par la coordination

• Plusieurs **mots de liaison** introduisent une concession.

mais = pourtant, cependant (soutenu)
néanmoins
toutefois (soutenu)

tout de même (soutenu),
quand même
malgré tout

Exemples

On annonce du soleil toute la journée ; **néanmoins**, tu prends ton parapluie. (Logiquement, tu ne devrais pas.)

Je ne me sens pas très bien. Je sortirai **quand même**. (Je devrais rester chez moi.)
toujours après le verbe

La concession exprimée par une subordonnée

• On peut aussi utiliser une subordonnée à l'indicatif, au subjonctif ou au conditionnel.

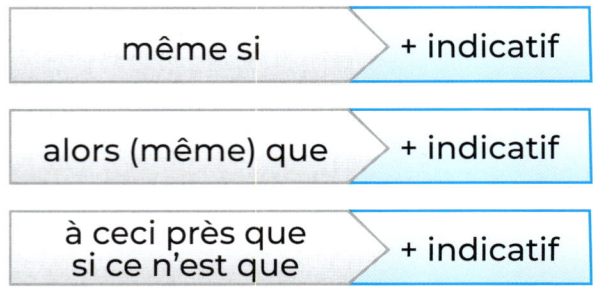

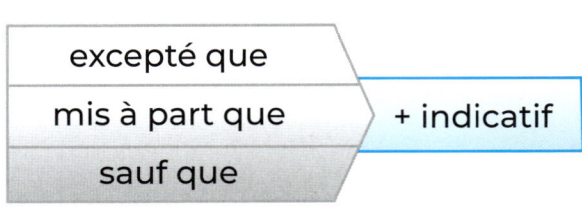

LA CONCESSION

> Exemples

Même si tu ne **réussis** pas l'examen, tu ne dois pas te décourager.

Je ne l'ai pas vu depuis trois mois, **alors qu'**il **avait promis** de venir. (J'aurais donc dû le voir.)

Je vous félicite, **si ce n'est que** vous **avez rendu** votre devoir en retard. (Le retard devrait empêcher que je vous félicite.)

Elle veut partir en vacances, **sauf qu'**elle **a** trop de travail. (Le travail l'empêche de partir.)

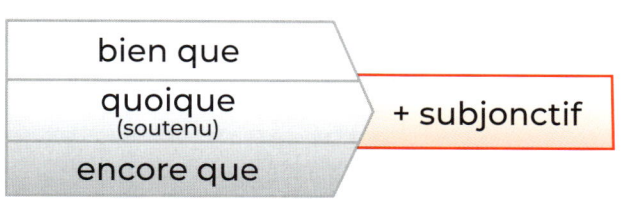

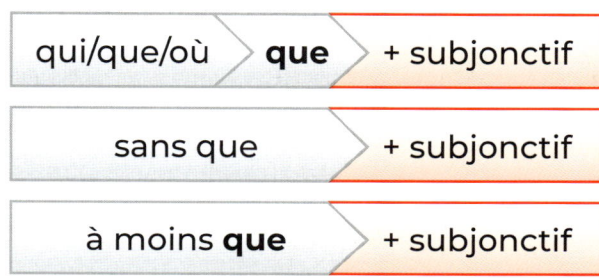

> Exemples

Je ne l'ai pas vu depuis trois mois, **bien qu'**il **ait promis** de venir. (J'aurais donc dû le voir.)

Elle veut partir en vacances, **encore qu'**elle **ait** trop de travail. (Le travail l'empêche de partir.)

Je vous félicite, **à moins que** vous **ayez rendu** votre devoir en retard. (Le retard empêche que je vous félicite.)

| quand bien même | + conditionnel |

> Exemple

Elle veut partir en vacances **quand bien même** elle **aurait** trop de travail. (Le travail devrait l'empêcher de partir.)

• Quand la concession prend place dans l'avenir ou pour indiquer que sa réalisation est incertaine, on peut employer le **conditionnel au lieu de l'indicatif** ou, avec « **encore que** », **à la place du subjonctif**.

> Exemples

Il choisit une veste noire, **encore que** du bleu **serait** plus joyeux.

Alors même qu'il **aurait** beaucoup **travaillé**, il ne réussira pas l'examen.

• Il ne faut pas confondre **« quoique »** (= « bien que ») et **« quoi que »**, en deux mots, qui signifie « peu importe ce que ».

Exemples

Quoi que tu fasses, je te soutiendrai toujours. (= peu importe ce que tu fais)
   COD

Quoique tu aies fait une bêtise, je ne te gronde pas. (= bien que tu aies fait une bêtise)
                          ↑ COD

• Certaines conjonctions ajoutent une **nuance d'intensité** à la concession. Elles s'emploient avec un nom ou un adjectif et sont généralement suivies du **subjonctif**.

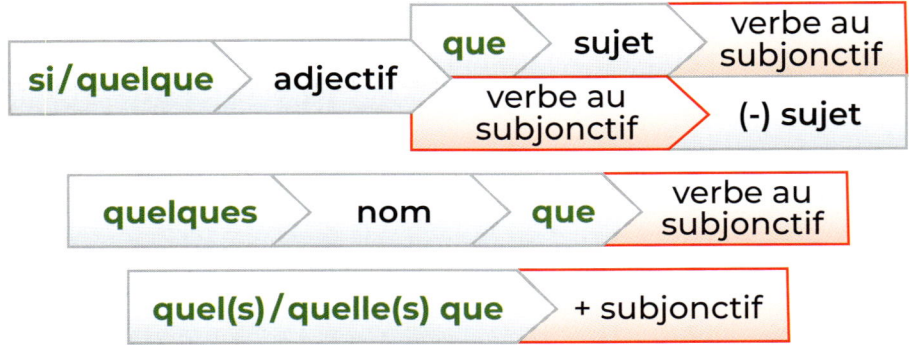

Exemples

Quelque/Si malin **que** tu **sois**, il t'arrive de se tromper. (= même si tu es très malin)
                    adjectif

Si malin **sois**-tu, il t'arrive de te tromper.
   adjectif   sujet

Quelques erreurs **que** tu **fasses**, tu ne te décourages pas.
                nom

Quelles que soient tes erreurs, tu persévères.

• « Tout… que » a le même sens que « quelque / si… que » et peut être suivi de l'indicatif, le plus courant, ou du subjonctif.

Exemples

Tout obéissant **que** tu **es**/**que** tu **sois**, tu ne m'as pas attendu.
            adjectif

Tout directeur **qu'**il **est**, il a su rester simple.
             nom

LA CONCESSION

La concession exprimée par un groupe nominal

• On peut aussi employer un groupe nominal introduit par une préposition exprimant la concession.

– malgré
– en dépit de (soutenu)
– sauf, excepté

Malgré son travail, il n'a pas réussi.

En dépit de nos craintes, tout s'est bien passé.
_{article + nom}

Tu as invité tout le monde **sauf** moi.
_{pronom}

• « Que » ne peut jamais suivre directement « malgré » : il faut donc dire **« malgré le fait que »**.

Exemple

Malgré le fait qu'il ait travaillé sérieusement, il n'a pas réussi l'examen d'entrée.

• « Sans » s'emploie aussi pour marquer la concession. Il peut être suivi d'un nom, d'un pronom ou d'un infinitif.

Exemples

Il a retrouvé son chemin **sans** plan.
_{nom}

On peut voyager en Europe **sans** avoir de passeport.
_{infinitif}

Les autres expressions de la concession

• Enfin, on peut exprimer la concession à l'aide d'expressions et de tournures particulières.

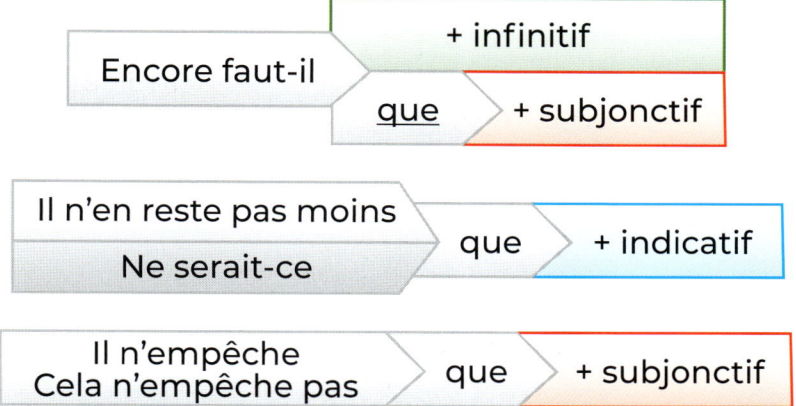

> **Exemples**

Nous essayons, **encore faut-il** y **arriver** / que nous y **arrivions**.

Je vous félicite, **ne serait-ce que** vous **avez rendu** votre devoir en retard.

Tu t'es reposé, <u>**il n'empêche**</u> que tu n'**es** pas **guéri**.

Tu t'es reposé, <u>**cela n'empêche pas que**</u> tu **sois** encore malade.

- Dans « encore faut-il » et « il n'empêche/cela n'empêche pas », les verbes « falloir » et « empêcher » peuvent être à un autre temps.

> **Exemples**

Je l'ai invité, encore **faudrait**-il qu'il **soit** libre.
conditionnel présent

Je l'avais invité, encore **fallait**-il qu'il **soit** libre.
imparfait

Je viendrai pour toi, cela n'**empêchera** pas que je **sois** fâché avec ta sœur.
futur simple

40 LE BUT

- Les expressions du but permettent d'exprimer l'objectif que l'on cherche à atteindre ou à éviter.

Exemples

Je me dépêche **pour** arriver à l'heure. (= but recherché)
Elle a prévu des sandwichs **de peur que** nous ayons faim. (= but à éviter)

Le but exprimé par une subordonnée

- On peut utiliser une subordonnée au **subjonctif**. Les conjonctions les plus courantes sont **« pour que »** et **« afin que »**. Quand il y a plusieurs subordonnées, on répète seulement « que ».

Exemples

J'ai fait le ménage **pour que** ma mère **puisse** se repose,
afin qu'elle ne **soit** pas fatiguée et **qu'**elle se **repose**.
Achète du pain, **de manière que** nous en **ayons** encore demain.

- « De sorte que », « de manière (à ce) que » et « de façon (à ce) que » peuvent aussi exprimer la **conséquence**. Dans ce cas, ils sont suivis de l'**indicatif**.

Exemple

Mon réveil n'a pas sonné, de sorte que je **suis arrivée** en retard.
(ce n'était pas volontaire, c'est une conséquence de la panne de réveil)

La conséquence ➡ p. 186

- Certaines conjonctions expriment le but avec une nuance **d'espoir ou d'attente**. Elles sont suivies du **futur** ou du **conditionnel**.

Exemples

Elle travaille beaucoup **dans l'espoir qu'**on lui **accordera** une promotion bientôt.
Il m'a appelé **dans l'idée que** je **pourrais** l'aider.
                                   conditionnel
                                   = futur du passé

- On peut aussi exprimer le **but que l'on cherche à éviter** à l'aide de conjonctions suivies du subjonctif.

Exemples

Je l'accompagne **de peur qu'**il **se perde**.
          (= pour qu'il ne se perde pas)
Je vérifie la recette **de crainte que** le gâteau **ne soit pas** bon.
                                          (= pour qu'il soit bon)

- Avec des expressions comme « de crainte / de peur », on peut ajouter un **« ne » explétif** : il n'est pas obligatoire et **n'exprime pas la négation**.

Exemple

Ils se dépêchent de peur que le spectacle **ne commence** sans eux.
                                  (= pour éviter qu'il commence sans eux)

- Enfin, certaines expressions expriment le but avec une idée d'**intensité**. Elles s'emploient avec un nom, un adjectif ou un infinitif et sont suivies du **subjonctif**.

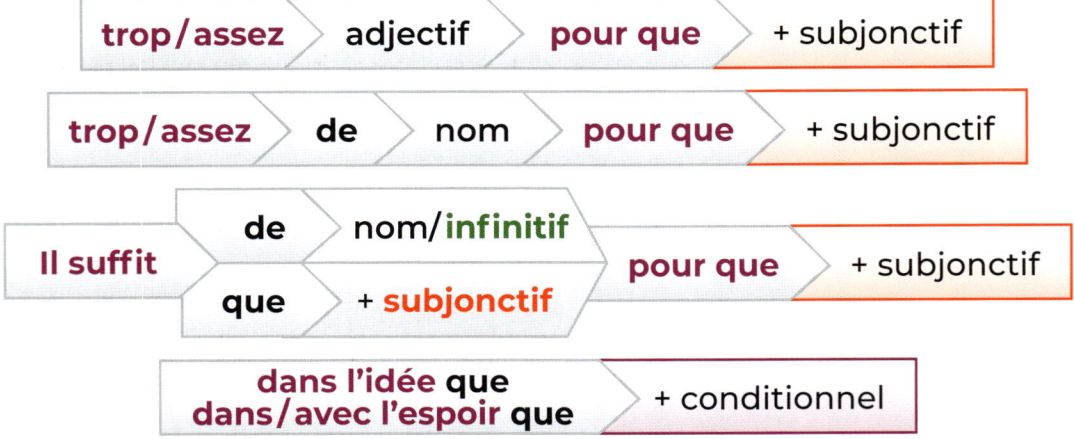

Exemples

Il est **trop** petit **pour que** je **prenne** l'avion avec lui.
_{adjectif}

Il n'y a pas **assez de** farine **pour que** tu **puisses** faire un gâteau.
_{nom}

Il suffit d'un rien **pour qu'**elle se **mette** en colère.

Il suffit que nous les **prévenions** / **Il suffit de** les **prévenir** pour qu'ils nous **prennent** des billets.

Le but exprimé par un infinitif

• Lorsqu'il y a **un seul sujet**, on emploie une préposition suivie de l'**infinitif**.

– pour
– afin de
– en vue de
– de manière/façon à
– dans le but de

Je t'offre des fleurs **pour** te **faire** plaisir. (= je te fais plaisir)

Il achète du pain **afin de** ne pas en **manquer**.

Tu te couches tôt **de manière à être** en forme.

• Quand il y a plusieurs infinitifs, on ne répète pas « pour ». Avec les autres prépositions, on répète seulement « de » ou « à ».

Exemples

Je me tais **pour écouter** le professeur et Ø bien **comprendre** la leçon.

Il se couche tôt **afin de se reposer** et **d'être** en forme demain.

• Certaines prépositions suivies de l'infinitif ajoutent une **nuance d'espoir ou d'attente**.

– dans/avec l'intention **de**
– dans la perspective **de**
– dans l'idée **de**
– dans/avec l'espoir **de**

Il part tôt **dans l'intention d'éviter** les embouteillages.

J'achète des fleurs **dans l'espoir de** te **plaire**.

- On peut aussi exprimer le **but que l'on cherche à éviter** avec « de peur de » ou « de crainte de » (+ infinitif).

> Exemples
>
> Il prend un plan **de peur de se perdre**.
> (= pour ne pas se perdre)
> Tu te dépêches **de crainte de ne pas être** à l'heure. (= pour être à l'heure)

- On emploie la préposition + **infinitif** quand **il n'y a qu'un seul sujet**. Sinon, on emploie la conjonction (+ subjonctif ou futur/conditionnel).

> Exemples
>
> Je lui offre des fleurs pour **m'excuser**.
> sujet
> Je lui offre des fleurs pour qu'elle me **pardonne**.
> Je lui offris des fleurs dans l'idée qu'elle me **pardonnerait**.

- Enfin, certaines expressions suivies de l'infinitif expriment le but avec une idée d'**intensité**.

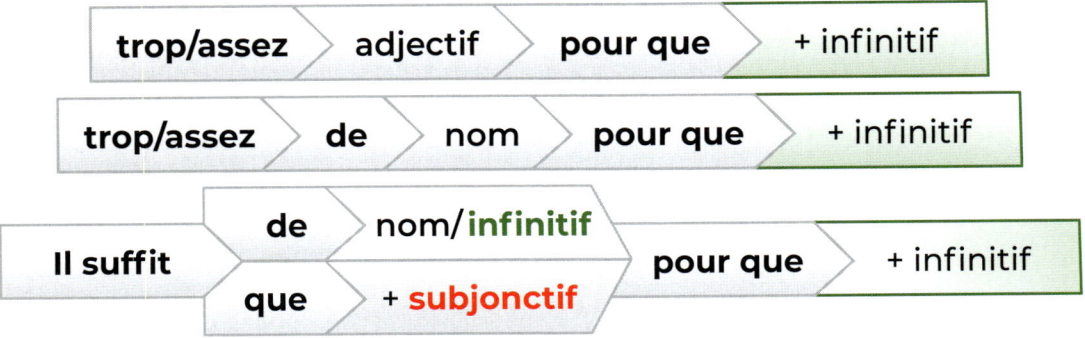

> Exemples
>
> Il est **trop** petit **pour prendre** l'avion seul.
>   adjectif
>
> Il n'y a pas **assez de** farine **pour faire** un gâteau.
>   nom
>
> **Il suffit de partir** / **Il suffit que** nous **partions** plus tôt **pour éviter** les embouteillages.

Le but exprimé par un groupe nominal

• On peut exprimer **le but et sa nuance d'attente** à l'aide d'un groupe nominal introduit par une préposition.

– pour
– en vue de
– en perspective de

Il lit **pour** le plaisir.
article + nom

Elle révise **en vue des** examens.
article + nom

• On peut aussi exprimer de cette façon **le but à éviter**.

– de peur de
– de crainte de

Il fait des provisions **de crainte d'**une rupture de stock. (= pour éviter une rupture de stock)

• On emploie la préposition suivie de l'infinitif seulement quand il n'y a qu'un seul sujet. Sinon, on emploie la conjonction suivie du subjonctif.

Exemples

Le canapé est trop grand **pour entrer** dans le coffre.

Le coffre est trop petit **pour que** le canapé y **entre**.

41 LA CAUSE

- La cause exprime la raison qui a provoqué une action.

> **Exemple**

Je suis en retard **parce que** mon réveil n'a pas sonné.
cause de « suis en retard »

La cause exprimée par la coordination

- **« Car »** (avant le second sujet, jamais après un point) et **« en effet »** introduisent une cause.

> **Exemples**

Je suis en retard **car** mon réveil n'a pas sonné.
toujours avant le sujet

Il est très fier. **En effet,** il a réussi le concours d'entrée.

La cause exprimée par une subordonnée

- On peut exprimer la cause à l'aide d'une proposition subordonnée à l'**indicatif**. **« Parce que »** est dans ce cas la conjonction la plus courante.

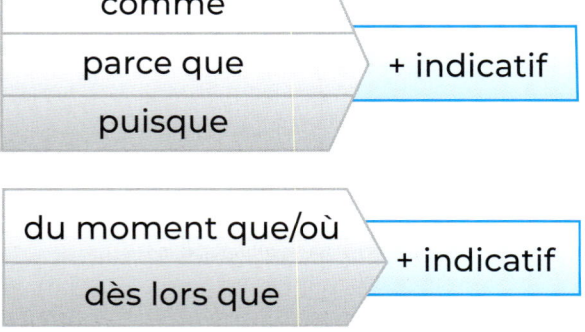

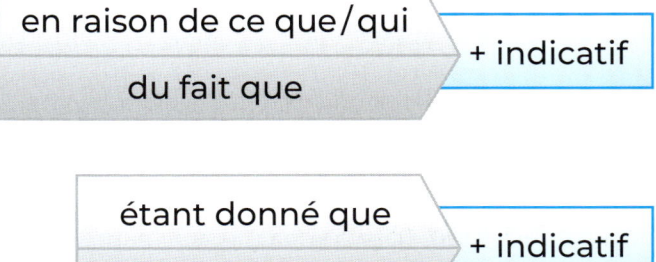

LA CAUSE

> **Exemples**

Comme mon réveil **n'a pas sonné**, me voici en retard.
en début de phrase = insistance sur la cause

Je pleure **parce que** tu m'**as fait** de la peine.

Je vais prendre des poires **puisque** vous n'avez plus de pommes. (= cause évidente)

Je suis rentrée en métro, **vu qu'**il n'y **avait** plus de métro. (= cause évidente)

Étant donné que tu pars mardi, nous **visiterons** Carcassonne lundi.
toujours en début de phrase

- « Comme » peut aussi exprimer la comparaison. Dans ce cas, il signifie « de la manière que ».

Exemples

Fais **comme** tu préfères. (= de la manière que tu préfères)
Je fais le pot-au-feu **comme** ma mère me l'a appris. (= de la manière qu'elle m'a apprise)

- Quand on enchaîne plusieurs causes avec « parce que » ou « puisque », la 2ᵉ cause et les suivantes sont introduite par **« que »**.

> **Exemple**

Puisque tu n'as pas obéi <u>et</u> **que** tu as été insolent, tu seras puni.
 1ʳᵉ cause   2ᵉ cause

- Certaines conjonctions ont un **sens particulier**.

– grâce à ce que (cause à effet positif)

– sous prétexte que (cause invoquée)

– d'autant plus/moins que (cause renforcée)

> **Exemples**

J'ai progressé **grâce à ce que** tu m'**as appris**.
      cause à l'effet positif

Ils ne viennent pas **sous prétexte que** leur fils **est** malade. (Mais c'est sans doute faux, je ne les crois pas.)
       cause invoquée

Je suis fatiguée, (parce que) je suis rentrée tard, **d'autant plus que** j'**ai** peu **dormi**.
                    2ᵉ cause

J'aime ce marchand, **d'autant plus** qu'il a un large choix de fruits. (= Je l'aime encore plus parce qu'il
         intensité   a un large choix.)

- Pour nier une cause, on emploie **« non (pas) parce que » (+ indicatif)** ou **« ce n'est pas que » (+ subjonctif)**.

> **Exemples**
>
> Je suis partie **non pas parce que** j'**étais vexée mais parce que** *j'étais fatiguée*.
>   cause niée   cause réelle
>
> **Ce n'est pas que** je **sois** avare, **mais** j'aimerais que tu me rendes mon argent.
>   cause niée   cause réelle

- Quand on hésite entre deux raisons, on peut aussi employer **« soit que…, soit que » + subjonctif**.

Exemple

Il a eu un accident **soit qu'**il **se soit endormi** au volant, **soit qu'**il **ait** trop **bu**.

La cause exprimée par un infinitif

- Quand il y a **un seul sujet dans la phrase**, on peut exprimer la cause à l'aide d'un infinitif introduit par une préposition.

> **Exemples**
>
> Je suis triste **de partir**.
>
> **À force de conduire** trop vite, il a eu un accident. (parce qu'il conduit souvent/toujours trop vite)
>
> Ils ne sont pas venus **sous prétexte d'avoir** trop de travail. (Mais c'est sans doute faux.)
>
> Elle viendra demain, **faute d'avoir** le temps aujourd'hui. (parce qu'elle n'a pas eu le temps aujourd'hui)
>   cause négative

LA CAUSE

- « Pour » peut exprimer la cause. Il est alors toujours suivi de l'**infinitif passé**.

Exemples

Il a été puni **pour avoir été** insolent. (= cause)
          infinitif passé

Je relis **pour corriger**. (= but)
          infinitif présent

La cause exprimée par un groupe nominal

- On peut aussi utiliser un groupe nominal introduit par une préposition exprimant la cause.

à cause de (+ pronom tonique)   par manque de
grâce à (+ pronom tonique)   étant donné, vu
sous prétexte de   du fait de, en raison de
à force de   pour, par, devant, de
faute de (= cause négative)   à la suite de/suite à

Exemples

Il pleure **de** joie.
Tu es puni **pour** insolence.
Il s'est enfui **par** lâcheté.
La voiture a dérapé **à cause de** la pluie.
(= cause à l'effet négatif)   article + nom
Grâce au soutien de mon amie, j'ai réussi l'examen. (= cause à l'effet positif)
          article + nom
Il a échoué **par manque de** travail = **faute de** travail.
L'électricité a été coupée **à la suite des** orages.
                                       article + nom

La cause exprimée par un gérondif ou un participe

- Enfin, le **participe** (présent ou passé) et le **gérondif** peuvent aussi exprimer la cause. Ils s'emploient quand il y a **un seul sujet**.

Exemples

En partant plus tôt, nous avons évité les embouteillages.

Étant fatigué, je ne pourrai me rendre à votre réception.
                                              (soutenu)

N'ayant pas terminé son travail pour demain, il ne va pas dormir de la nuit.

42 LA CONSÉQUENCE

- La conséquence exprime le résultat provoqué par une action.

Exemple
Mon réveil n'a pas sonné. **C'est pourquoi** je suis en retard.
conséquence de « n'a pas sonné »

La conséquence exprimée par la coordination

- On peut exprimer la conséquence à l'aide de plusieurs mots de liaison introduisant une conséquence.

alors, du coup	aussi	de cette façon, de cette manière
donc	de ce fait, de là	c'est pourquoi, c'est pour cela que
ainsi	comme ça/cela	en conséquence, par conséquent

Exemples
Il est fatigué, **alors** il préfère se reposer. (suite logique)
Mon réveil n'a pas sonné, je suis **donc** en retard. (évidence logique)
Il était fatigué. **Ainsi**, il préférait se reposer. / **Ainsi** préférait-il se reposer.
  virgule + sujet + verbe   sans virgule : inversion
Des travaux sont en cours. **De ce fait**, la rue est fermée à la circulation.
Partons tôt, **comme ça** on évitera les embouteillages. (résultat attendu)

- Après **« aussi »**, dans le langege soigné, on inverse le sujet et le verbe.
  ### Exemple
  Il est fatigué, **aussi** préfère-t-il se reposer.

La conséquence exprimée par une subordonnée

- On peut exprimer la conséquence à l'aide d'une proposition subordonnée à l'**indicatif**.

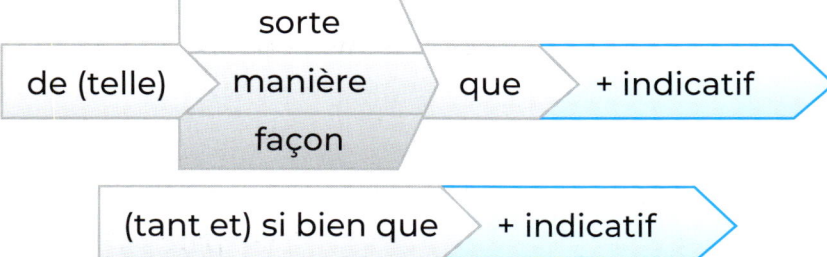

LA CONSÉQUENCE

Exemples

Des travaux sont en cours, **de telle sorte que** la rue **est fermée** à la circulation.
Il était fatigué, **si bien qu'**il **a préféré** se reposer.
J'ai oublié la tarte au four, **tant et si bien qu'**elle **a brûlé**. (insiste sur le résultat)

- Certaines conjonctions ajoutent une **nuance d'intensité** à l'idée de conséquence.

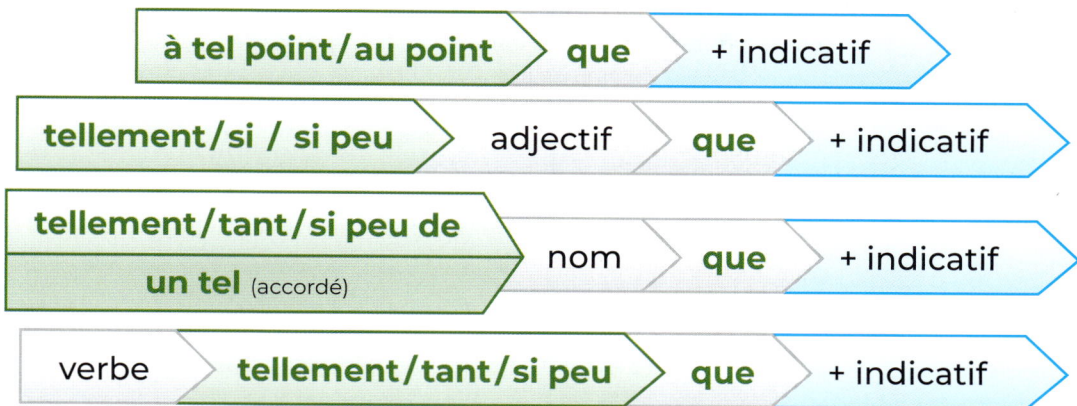

Exemples

La randonnée l'a fatigué **au point qu'**il **a dormi** douze heures.
Il est **si peu** patient / **tellement** impatient **qu'**un rien le **met** en colère.
　　　　　 adjectif　　　　　　　　adjectif
Il y a **tant de** monde / **une telle** foule **que** je **me sens** mal.
　　　　　 nom　　　　　　　　nom
Nous rions **tellement que** nous **avons** les larmes aux yeux.
　　 verbe

- « **Sans que** » permet d'exprimer une **conséquence évitée**. Il est suivi du subjonctif.

Exemple

Il est parti **sans qu'**on l'**entende**.

La conséquence exprimée par une préposition

- Lorsqu'il y a un seul sujet, on peut exprimer la conséquence à l'aide d'une préposition. « **Au point de** » est suivi de l'**infinitif**, « **d'où** » est suivi d'un **groupe nominal** et « **sans** » peut-être suivi de l'un ou de l'autre.

Exemples

Il était fatigué **au point de dormir** douze heures.　　Il est parti **sans faire** de bruit.

Il était fatigué **d'où** son agacement.　　　　　　　　Il est parti **sans** bruit. (conséquence évitée)

43 L'HYPOTHÈSE

- L'hypothèse permet d'exprimer la possibilité de réalisation d'une action ou une supposition.

Expression de l'hypothèse

Proposition subordonnée + **Proposition principale**

SI... = Condition, hypothèse + **ALORS** = Conséquence

Hypothèse	Conséquence dans...		
	le présent	l'avenir	le passé
Hypothèse certaine • Hypothèse dans le présent ou l'avenir : « Si » + **présent** Si vous **voulez**, ...		• Verbe à l'**impératif**, au **présent** ou au **futur proche/ simple** .... **apportez** le dessert. ... ils **apportent** / **vont apporter** / **apporteront** le dessert.	
• Hypothèse dans le passé : « Si » + **passé composé** Si tu **as vu** ce film, ...	• Verbe au **présent** ou à l'**impératif** ..... tu **sais** s'il est bien. .... **dis**-moi s'il est bien.	• Verbe au **futur simple** ou au **futur antérieur** ..... tu **pourras** .... en parler. ..... tu **auras remarqué** qu'il est fidèle au livre.	• Verbe au **passé composé** ..... tu **as remarqué** qu'il est fidèle au livre.
Hypothèse incertaine « Si » + **imparfait** Si tu **gagnais** au loto, ...	• Verbe au **conditionnel présent** ..... tu **gagnerais** beaucoup d'argent.		

L'HYPOTHÈSE

Hypothèse	Conséquence dans...		
	le présent	l'avenir	le passé
Hypothèse non réalisée • « Si » + **plus-que-parfait** Si tu **avais fait** le tour du monde,	• Verbe au **conditionnel présent** ..... tu **connaîtrais** beaucoup de pays.		• Verbe au **conditionnel passé** ..... tu **aurais visité** beaucoup de pays.

• « **Même si** » envisage une hypothèse qui **s'oppose à la réalité**. Les temps employés sont les mêmes qu'avec « si ».

Exemple

Même si elle **s'était trompée** de chemin, elle **serait** déjà là.
            plus-que-parfait   conditionnel présent

• « **Sinon** » exprime une hypothèse non réalisée et est toujours suivi du **conditionnel**.

Exemple

Elle a dû avoir un problème sur la route, **sinon** elle **serait** déjà là.
                                       (= autrement)

• « **Comme si** » sert à comparer et est suivi de l'**imparfait** ou du **plus-que-parfait**.

Exemples

Elle court comme s'il y **avait** le feu.
Elle s'enfuit comme si elle **avait vu** un fantôme.

• On peut aussi employer le **conditionnel seul** pour une supposition ou une hypothèse imaginaire.

Exemples

D'après les pompiers, l'incendie **se serait déclenché** très tôt dans la journée. Une défaillance technique en **serait** à l'origine. (supposition)

« On **dirait** qu'on **aurait fait** naufrage et qu'on **échouerait** sur une île déserte. On **construirait** une cabane dans les arbres et on **se nourrirait** de poissons et de fruits exotiques. Ce **serait** le paradis ! » (hypothèse imaginaire)

44 LA CONDITION

• Les expressions de la condition permettent d'indiquer que la réalisation d'une action est nécessaire pour qu'une autre se réalise aussi.

Exemple

J'irai chez le médecin **à condition que** tu m'accompagnes.
condition de réalisation d'« irai »

La condition exprimée par une subordonnée

• On peut exprimer une condition **indispensable** à l'aide d'une subordonnée au **subjonctif**.

Exemples

Je partirai **à condition qu'**elle me **rende** mon collier. (indispensable : sinon, je ne partirai pas)
Nous irons à la plage **si tant est qu'**il **fasse** beau. (sinon, nous n'irons pas)
Mon fils ne sort pas **sans que** je le **permette**. (= si je ne le permets pas)

• Certaines conjonctions suivies du **conditionnel** expriment une **condition nécessaire mais incertaine**.

Exemple

Elle a pris son parapluie **au cas où** il **pleuvrait**.
(il ne pleuvra peut-être pas.)

LA CONDITION

• « Sauf si » exprime une exception sous forme d'une condition. Les temps employés sont les mêmes qu'avec « si ».

Exemple

Elle **viendra** sauf si elle **a** trop de travail.
   futur simple   présent
= événement à venir   = hypothèse dans le présent

La condition exprimée par un infinitif

• Lorsqu'il y a **un seul sujet**, on peut exprimer la condition à l'aide d'un **infinitif**.

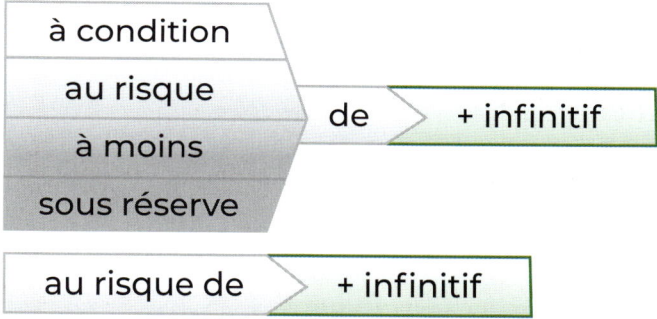

Exemples

Je viendrai **à condition d'avoir fini** mon travail.

Il aimerait changer de travail **au risque de gagner** moins. (= même s'il risque de gagner moins)

Il échouera **à moins de réviser**. (= sauf s'il révise)

Tu ne gagneras pas **sans t'entraîner**. (= si tu ne t'entraînes pas)

• Lorsque le sujet est le même, on emploie la préposition suivie de l'infinitif.

Exemples

<u>Vous</u> pouvez échanger <u>sous réserve qu'il</u> **reste** des places dans le train souhaité.

<u>Vous</u> pouvez échanger votre billet
 sujet
<u>sous réserve d'</u>**avoir souscrit** à cette option.

La condition exprimée par un groupe nominal

• On peut aussi utiliser un groupe nominal introduit par une préposition exprimant la condition.

à moins **de**	moyennant
sous réserve **de**	en l'abscence de
avec	faute de
sans	en cas de

Exemples

À moins d'<u>un miracle</u>, nous ne finirons pas à temps. (= sauf s'il y a un miracle)
article + nom
Tu ne gagneras pas **sans** entraînement. (= si tu ne t'entraînes pas)
Je vous aiderai **moyennant** paiement. (= à condition de recevoir un paiement)
Prévenez-moi **en cas d'**erreur. (= s'il y a une erreur)

• Quand « **sans** » marque la condition, on emploie le **conditionnel dans la principale**.

Exemple

On **aurait pu** y arriver sans son aide.

La condition exprimée par un gérondif

• Enfin, le gérondif peut exprimer une condition.

Exemples

<u>En partant</u> plus tôt, nous **éviterons** les embouteillages. (= si nous **partons**)
hypothèse certaine   futur simple
<u>En t'appliquant</u> davantage, tu ne **ferais** pas d'erreurs. (= si tu t'**appliquais**)
hypothèse incertaine   conditionnel présent
<u>En t'appliquant</u> davantage, tu **n'aurais pas fait** pas d'erreurs. (= si tu t'**étais appliqué**)
hypothèse non réalisée   conditionnel passé